AF257827

DE LA RÈGLE " LOCUS REGIT ACTUM "

ET

DU CONFLIT DES LOIS RELATIF A LA FORME DES ACTES

EN DROIT MARITIME

PAR

René de BÉVOTTE

Avocat, docteur en Droit,
Secrétaire de la rédaction à la *Revue Internationale du Droit Maritime*

PARIS

LIBRAIRIE MARESCQ AINÉ

CHEVALIER-MARESCQ et Cie, ÉDITEURS

20, RUE SOUFFLOT, 20

1895

REVUE INTERNATIONALE

DE

DROIT MARITIME

Recueil de Jurisprudence, de Doctrine et de Législation comparée

CONDUE ET PUBLIEE PAR

F. C. AUTRAN

Avocat au barreau de Marseille, docteur en droit, licencié ès lettres

SECRÉTAIRES DE LA RÉDACTION

M. P. BONTOUX
Avocat, licencié ès lettres

M. R. DE BÉVOTTE
Avocat, docteur en droit.

La Revue Internationale du Droit maritime, fondée en 1885 avec le concours et la collaboration de nombreux jurisconsultes français et étrangers paraît tous les deux mois par livraison de huit à dix feuilles et forme à la fin de l'année un fort volume terminé par six tables : des articles, analytique, chronologique, du nom des parties, du nom des navires et bibliographique.

Prix de l'abonnement pour un an . FRANCE ET UNION POSTALE . **20** Fr.

Les dix premières années sont en vente

CHEZ MM. CHEVALIER-MARESCQ ET Cie

DU MÊME AUTEUR

CODE INTERNATIONAL DE L'ABORDAGE MARITIME

LÉGISLATION, DOCTRINE, JURISPRUDENCE

Un volume in-8°, prix...................... **5** francs.

IMPRIMERIE LEMALE ET Cie, HAVRE

REVUE INTERNATIONALE

DE

DROIT MARITIME

Recueil de Jurisprudence, de Doctrine et de Législation comparée

PUBLIÉE ET DIRIGÉE PAR

F. C. AUTRAN

Avocat au barreau de Marseille, docteur en droit, licencié ès lettres

SECRÉTAIRES DE LA RÉDACTION

M. P. BONTOUX
Avocat, licencié ès lettres

M. R. DE BÉVOTTE
Avocat, docteur en droit.

La Revue Internationale du Droit maritime, fondée en 1885 avec le concours et la collaboration de nombreux Jurisconsultes français et étrangers paraît tous les deux mois par livraison de huit à dix feuilles et forme à la fin de l'année un fort volume terminé par six tables : des articles, analytique, chronologique, du nom des parties, du nom des navires et bibliographique.

Prix de l'abonnement pour un an . FRANCE ET UNION-POSTALE . **20 Fr.**

Les dix premières années sont en vente

CHEZ MM. CHEVALIER-MARESCQ ET Cie

DU MÊME AUTEUR

CODE INTERNATIONAL DE L'ABORDAGE MARITIME

LÉGISLATION, DOCTRINE, JURISPRUDENCE

Un volume in-8°, prix..................... **5 francs.**

IMPRIMERIE LEMALE ET Cie, HAVRE

DE LA RÈGLE "LOCUS REGIT ACTUM"

ET DU

CONFLIT DES LOIS RELATIF A LA FORME DES ACTES

EN DROIT MARITIME

IMPRIMERIE LEMALE ET Cie, HAVRE

DE LA RÈGLE "LOCUS REGIT ACTUM"

ET

DU CONFLIT DES LOIS RELATIF A LA FORME DES ACTES

EN DROIT MARITIME

PAR

René de BÉVOTTE

Avocat, docteur en Droit,
Secrétaire de la rédaction à la *Revue Internationale du Droit Maritime*

PARIS

LIBRAIRIE MARESCQ AÎNÉ

CHEVALIER-MARESCQ et Cie, ÉDITEURS

20, RUE SOUFFLOT, 20

—

1895

DE LA RÈGLE "LOCUS REGIT ACTUM"

ET DU

CONFLIT DES LOIS RELATIF A LA FORME DES ACTES

EN DROIT MARITIME

INTRODUCTION

Une coutume internationale, dont certains auteurs ont voulu faire remonter l'origine au droit canon et même au droit romain (1), dans tous les cas universellement admise aujourd'hui, consacre la maxime : *locus regit actum*. Cette formule, passée peu à peu dans le nombre des axiomes indiscutés, aurait sa place comme tête de chapitre dans un traité complet de droit internationnal privé ; car, si sa portée n'est pas générale et si elle ne saurait s'appliquer à tous les rapports de la vie dont le législateur s'empare pour les régir, elle trouve cependant son application à toute espèce d'actes, à quelque branche du droit qu'ils appartiennent, par exemple à l'occasion des actes de la vie commerciale comme à l'occasion des actes de la vie civile

(1) V. *infrà*, p. 23.

proprement dite. Il est donc possible de l'envisager à un point de vue aussi large que l'on voudra, de même qu'on peut en circonscrire l'étude dans les limites plus étroites d'une partie de la science juridique, comme nous nous proposons de le faire en traitant des applications de la règle énoncée aux actes de la vie commerciale maritime.

Cette manifestation de l'activité humaine donne lieu au développement d'une division particulière du droit, qui, pour n'être pas en soi plus nouvelle qu'une autre (puisque le commerce des mers est de toute antiquité et que le législateur de tous les temps a dû le réglementer) (1), l'est au moins en tant que portion distincte de cette science (car c'est depuis peu qu'on tend à faire du deuxième livre du Code de commerce l'objet d'un commentaire spécial et à l'étudier comme un code à part). Mais, outre cet intérêt de *modernité*, si l'on peut dire, qui s'attache à un pareil sujet, il en emprunte un plus grand encore à cette considération que les relations maritimes semblent offrir, de nos jours surtout, un champ d'application plus vaste que toutes les autres aux principes du droit international, si l'on songe que la mer est peut-être la voie que prennent 'e plus, pour s'exporter ou s'importer, les hommes, les choses et les idées. Les conflits de lois soulevés par le commerce maritime entrent donc pour une proportion considérable, sinon prépondérante, dans le nombre des difficultés

(1) On trouve des traces de règles maritimes chez les Rhodiens, d'où elles passèrent en partie dans le droit Romain. Les *Pandectes* de Justinien, publiés en l'an 533, traitent des navires de commerce, des affrètements, de la police de la navigation, etc.

auxquelles donne lieu le choix, fréquent et périlleux, à faire entre deux ou plusieurs législations.

Mais, avant d'étudier la règle *locus regit actum* dans ses applications au droit maritime, il convient, pour délimiter le sujet, de trouver une définition précise des termes qui composent cette règle, comme aussi d'en chercher le fondement juridique et la raison pratique, pour être à même de la critiquer. Il est utile aussi d'en tracer brièvement l'histoire de ses origines à nos jours et de mettre sous les yeux du lecteur un court tableau de son développement progressif. Car c'est aux actes les plus importants du droit civil que les premières applications en ont été faites et ce serait, comme nous le verrons plus loin, Bartole qui l'aurait posée le premier avec quelque exactitude sur une question concernant les testaments (1).

A s'en tenir à la lettre même de la règle ci-dessus, elle semblerait consacrer le principe que tout acte en général est, à tous les points de vue, régi par la loi du lieu où il vient à se produire. Or, le sens vrai de la formule est infiniment plus restreint et elle doit être traduite mot pour mot : *la forme de l'acte est gouvernée par la loi du lieu où il s'accomplit*. En effet, l'*actus*, ce n'est ici qu'une partie ou mieux qu'un aspect de l'acte, le dehors, l'élément externe, ce qui manifeste l'acte et le rend sensible : c'est le vêtement dont le consentement des parties s'enveloppe pour se constater, le fait matériel, écrit ou autre, qui extériorise leur

(1) Voir *La Massima « Locus regit actum »*, par G. DI STEFANO NAPOLITANI, traduction par CH. CORNETTE, Paris, Chevalier-Marescq, 1887, p. 7.

volonté, par opposition aux faits intellectuels, constitutifs du fond, tels que cette volonté prise en elle-même (1). De telle sorte que la maxime adoptée est des moins claires, et, comme le mot *locus*, qui désigne le *lieu de l'acte*, n'indique qu'incomplètement ce dernier sens, il faudrait dire, pour avoir une formule tout à fait correcte : *Locus actus regit instrumentum ejus* (2). Et encore est-il nécessaire de savoir exactement ce qu'on doit entendre par le lieu de l'acte, afin de faire disparaître l'amphibologie qui a donné lieu à une doctrine professée au Moyen-Age et d'après laquelle les formes de l'acte devaient être régies par la loi du lieu de son exécution (3), doctrine aujourd'hui caduque, mais pourtant reprise par la Cour de cassation de Palerme dans un arrêt du 7 juillet 1877 (4). Le *locus*, c'est le lieu où le droit acquiert son existence apparente ou la perd, le lieu où l'acte qui lui donne naissance, contrat ou autre, ou encore l'acte qui le résout, est réalisé. Quant à l'*actus*, presque tous les auteurs lui donnent le sens étroit que nous avons dit. Son acception large, qui le rend applicable au fond aussi bien qu'à la forme des actes,

(1) Voir sur cette distinction une fine analyse dans la thèse pour le doctorat de M. JOSEPH FERVRE : *De la forme des actes en droit civil international*. Paris, imprimerie de la Faculté de médecine, 1885, p. 75.

(2) Voir CLUNET, *Journal du droit international privé*, 1881, p. 464.

(3) Cette doctrine reposait sur une fausse interprétation d'une loi romaine 21 ps. (*de oblig. et act.*) : *Contraxisse unusquisque in eo loco intelligitur in quo ut solveret, se obligarit* », texte qui se borne en réalité à trancher une question de compétence, non de forme.

(4) Cette décision a été rendue sur une question de lettre de change. Voir, pour les détails, la thèse de M. HENRY DUHAUT : *De la règle* Locus regit actum *en Droit français* ; Nancy, imprimerie Collin, 1882, p. 104 (note).

est à peu près unanimement considérée comme exclue de la portée de la règle qui nous occupe (1). Mais le mot n'en est pas moins vicieux par lui-même, puisqu'il peut prêter à la confusion et qu'il faut le traduire pour le préciser.

Toutefois, a-t-on suffisamment défini *l'actus* en disant qu'il est la forme de l'acte? Sera-ce, en effet, à toutes les formes de l'acte que s'appliquera la maxime *locus regit actum*? C'est ici qu'intervient la distinction quasi-traditionnelle entre les formes extrinsèques et les formes intrinsèques, les premières devant seules tomber, suivant cette distinction, sous l'application de la règle. Il faut, selon nous, rejeter péremptoirement cette classification, qui ne repose que sur une confusion de mots. Les formes intrinsèques ne sont pas, à vraiment parler, des formes, mais des éléments du fond lui-même, et ce n'est que par un abus de langage qu'on a pu traiter comme formalité ce qui constitue l'essence même de l'acte, par exemple le consentement des parties dans les contrats. Sans un semblable élément, l'acte ne serait pas. Or, la forme, c'est, par définition, ce qui est inutile à l'existence même de l'acte, ce qui s'y ajoute uniquement pour le révéler, pour le tirer du domaine intellectuel et le faire passer dans celui des faits concrets.

Il n'y a pas lieu non plus de s'embarrasser d'un certain nombre d'autres catégories de formes, que les auteurs se sont plus à classer sous des noms variés, mais qui ne

(1) Voir SAVIGNY, t. VIII, nos 381-382 ; SCHAEFFNER, nos 73-85 ; BAR, nos 34-39 ; FŒLIX, t. I, 73-75 ; FIORE, p. 487 et suiv. ; BROCHER, 49 ; WESTLAKE, nos 197-199 ; WHARTON, 676-703 ; ASSER et RIVIER, p. 62.

sauraient être, après une courte analyse, maintenues sous
la dénomination de formes des actes. Telles sont les formalités *habilitantes*, qui ont trait à la capacité des parties
et se rattachent par là au statut personnel. Telles aussi les
formalités dites *d'exécution*, qui ne concernent pas l'acte
lui-même, mais ses suites et les moyens auxquels il convient
de recourir pour lui faire produire ses effets.

Il faut, au contraire, faire rentrer dans les formes proprement dites celles qui sont exigées *ad solemnitatem* et sans
lesquelles l'acte est frappé de nullité ou même d'inexis-
tence. La doctrine les appelle, celles-là aussi, des formes
intrinsèques, et l'on discute si, à raison de leur nature, on
ne doit pas les soustraire à l'application de la règle *locus
regit actum*. Nous pensons que la controverse est sans
objet, car ici encore les mots trompent sur le fond des choses. Il est bien certain que ces formes ne sont un élément
du fond qu'en vertu d'une fiction juridique, qui attache à
leur inaccomplissement la sanction de la nullité. Mais, en
soi, elles ne sont autre chose que de pures formes, indépendantes de l'acte, qui peut fort bien se produire et même
subsister sans elles. Il y a donc lieu de les faire rentrer
dans la classe de celles qui doivent céder devant la règle
internationale.

Les choses étant ainsi précisées, nous nous trouvons
seulement en présence des formes qui sont indépendantes
de l'acte, quoique contemporaines de son accomplissement,
et qui n'ont d'autre but que de donner à l'acte sa
consécration matérielle. Ce sont les seules formes méri-
tant ce nom, et c'est à celles-là que nous devons borner

notre étude si nous voulons rester fidèle à la promesse de notre titre.

Et maintenant que le sens de la règle est dégagé, il s'agit d'en établir les bases rationnelles, d'en découvrir l'origine en remontant aux motifs qui ont pu l'inspirer et lui donner l'autorité d'un axiome. Nous serons ainsi naturellement conduits à en discuter la valeur.

Ici encore, les systèmes s'opposent. Tous contiennent leur part de vérité, aucun ne la renferme entière. Ce qui est vrai, c'est que tous concourent à la révéler et qu'ils s'achèvent assez bien entre eux pour former dans leur ensemble une notion satisfaisante, sinon complète. Là où les uns ne trouvent d'autre base que l'utilité universelle (1), où les autres constatent seulement le consentement unanime des nations (2), où d'autres enfin n'aperçoivent autre chose que le principe de la souveraineté territoriale (3), il faut dire que ces trois causes se rencontrent à la fois et qu'elles sont toutes trois également nécessaires pour justifier l'existence de la règle.

Certes, le besoin général est, de toutes les raisons, celle qui dispense le mieux des autres. Et pourtant cette raison ne se suffit point à elle-même, car elle n'aurait pu, à elle seule, tenir en échec le grand principe de droit international,

(1) Voir LAURENT, *Droit civil international*, II, p. 423 ; WEISS, *Traité de Droit international privé*, p. 254.

(2) Voir BAR, *Rechts Encyclopédie*, p. 635.

(3) Voir P. VOET, *De Statutis*, IX, p. 267 ; STORY, *Conflicts of Laws*, § 261, p. 299 de la 7ᵉ édition ; MASSÉ, *Droit commercial*, I, nᵒ 571, p. 471 de la 2ᵉ édition ; MERLIN, *Répertoire*, vᵒ *Preuve*, section II, § 3, art. 1 (t. XXIV, p. 430).

posé par Schæffner et Savigny et si bien résumé par Mancini dans cette brève formule : *Territorialité dans le droit public, personnalité dans le droit privé.* On ne saurait, en effet, contester que la maxime *locus regit actum* se présente comme une exception à la règle du droit commun, d'après laquelle l'individu transporté à l'étranger, en même temps que sa personne, son état et sa capacité, et reste soumis aux lois de son pays pour tout ce qui touche à ses intérêts privés. Or, cette règle ne peut fléchir que devant un principe juridique supérieur, et ce principe, c'est que les lois sur les formes des actes rentrent en quelque sorte dans le domaine des lois d'ordre public, comme étant imposées par le législateur d'un état pour le plus grand bien de ses nationaux. Leurs prescriptions tendant, en effet, à créer des garanties au point de vue, soit de la validité, soit de la preuve, soit de la publicité des droits engendrés par les actes juridiques, il y a un grand intérêt pour les regnicoles à ce que les étrangers y soient soumis tout comme les autres, au moins dans les actes qui peuvent leur être opposés ; et, pour les actes qui ne leur sont point opposables, à leur intérêt propre se substitue celui de la loi, qui, en édictant certaines dispositions particulièrement rigoureuses, considère que leur transgression ne saurait être tolérée sans inconvénient pour l'ensemble des intérêts généraux du pays. Ces lois sont donc territoriales et, comme telles, doivent obliger tous ceux qui contractent sur le territoire où elles ont été rendues (1).

(1) Mais cette idée ne peut aller jusqu'à soumettre au statut territorial la forme des actes passés à l'étranger. La règle *locus regit actum* ne régit, en

Ainsi, à une règle de droit nous opposons une règle de droit, au lieu d'une raison purement philosophique. Mais il est bien certain que celle-ci est la raison profonde et que, si elle ne suffit point, aucune des autres ne saurait se passer d'elle.

On peut en dire autant de la seconde explication, qui est juste également, mais si incomplète et superficielle qu'elle n'en est pas une à scientifiquement parler. Il est trop évident que le *consensus* des peuples a été nécessaire pour consacrer notre règle. Mais l'aurait-il créée et sanctionnée sans cause ? Et cette cause, n'est-ce pas le seul intérêt de la question d'origine ?

Plus spécieuse est la troisième, qui fonde la règle sur la présomption d'une soumission volontaire ou sur une soumission forcée de l'étranger à la législation locale. Si l'on peut supposer aux parties l'intention de se conformer, pour la forme à donner aux actes qu'elles passent, à la loi du lieu où elles les passent, il est impossible d'attribuer à leur seule volonté un effet qui ne peut découler que des lois mêmes. Quant à l'idée d'une soumission obligatoire, dérivant du principe de territorialité législative, elle séduit au premier abord par son apparence très juridique. L'étranger ne devient-il pas, par ses actes, le sujet temporaire de l'État où il agit ? Sans doute, mais il ne faut pas oublier que la maxime *locus regit actum* a une portée universelle et ne connaît point de frontières. Or, si le motif invoqué explique bien pourquoi l'acte passé à l'étran-

effet, les actes qu'au moment même de leur accomplissement et non plus au moment où il s'agit de leur faire produire leurs effets.

ger conformément à la loi du pays est valable dans le pays, il n'explique nullement pourquoi l'on peut s'en prévaloir partout ailleurs comme d'une règle internationale.

Ainsi donc, quelle explication accueillerons-nous, si les trois principales, que nous venons de discuter, sont également vraies et pourtant incomplètes ? Merlin en avait trouvé une quatrième, fort ingénieuse, dont Laurent s'est emparé à sa suite (1) et qui est ainsi formulée : « Chaque pays a ses lois pour les formes probantes des actes, et ces lois sont toujours fondées sur des motifs différents. Tout dépend, en cette matière, de l'opinion que le législateur a eue de ses sujets, et, par conséquent, les lois relatives à la force probante des actes sont fondées sur des raisons purement locales et particulières à chaque territoire. Il n'y a donc que la loi du lieu où un acte a été passé qui puisse en attester la vérité ». Il résulte de là que la règle reposerait sur la présomption de sincérité qui doit s'attacher à tout acte accompli en observation des formes locales. Mais ici encore, qui ne voit le vice de l'argument ? Le législateur, dit-on, connaît ses sujets. Les formes qu'il a prescrites l'ont été en raison de leur état moral, des garanties qu'il leur faut ou dont on a besoin contre eux. Soit. Mais n'est-ce pas précisément entre nationaux et étrangers et souvent même entre étrangers seulement qu'il y aura lieu d'appliquer la règle *locus regit actum ?* Le raisonnement est donc faux par excès d'analyse, et l'on est allé chercher trop loin des raisons qu'on eût pu trouver beaucoup plus près.

(1) *Droit civil international,* II, p. 424.

Ces raisons, ce sont les trois qui précèdent et qui, réunies, fournissent la clef de la difficulté qu'elles n'ont pu nous donner chacune étant prise isolément. Il y a certainement, au fond de la règle *locus regit actum*, à la fois les idées de nécessité, d'accord international, de souveraineté nationale. La nécessité l'a inspirée et imposée, chaque nation l'a réclamée comme un attribut de sa souveraineté et, à cause de cela même, toutes se sont entendues pour s'en concéder réciproquement l'application. C'est de cette triple origine qu'elle est issue, et il paraît difficile que la plus minutieuse analyse en découvre d'autres, sous peine de tomber dans de purs sophismes, comme l'ont fait, par exemple, ces auteurs allemands et hollandais qui, par une distinction arbitraire entre les personnes, les choses et les actes, ont posé des prémisses dont les conséquences seraient juridiquement inacceptables (1).

La genèse de la règle une fois établie, il est facile d'en apprécier les mérites, qui sont précisément de satisfaire les besoins qui l'ont produite et les principes sous l'autorité desquels elle est entrée, en quelque sorte, dans le domaine législatif. Au premier de ces points de vue, il est facile de juger, même de prime abord, quel caractère de commodité, bien plus de nécessité, peut présenter pour un individu hors de son pays la faculté de s'en tenir, pour les actes qu'il fait, aux formes prescrites par la loi du lieu où il se trouve, avec cette sécurité qu'il s'y attachera, dans tous les états et notamment dans celui dont il est sujet, la même valeur

(1) Voir Stefano Napolitani, *op. citato*, p. 18.

que s'il avait employé les formes requises par chacun de
ces états pour l'accomplissement de ces actes. Si cela est
évident en ce qui concerne les actes du droit civil, tels
que le testament, la donation, la constitution d'hypothèque, qui seraient la plupart du temps impossibles à
l'étranger sans le bénéfice de la règle *locus regit actum*,
l'avantage n'est pas moins réel, à la moindre réflexion,
lorsqu'il s'agit des actes du droit maritime, qui, par la
force même des choses, s'accomplissent le plus souvent
dans des lieux où les parties sont également étrangères
et qui réclament incessamment l'application d'un principe
qui est le seul compatible avec les exigences de la navigation.
Si l'on suppose, par exemple, un affrètement conclu en
France pour transporter des marchandises dans un port
étranger, et que, dans ce port, le réceptionnaire, qui est
français, constate des avaries sur le chargement, ne sera-
t-il pas éminemment avantageux de lui permettre, pour
sauvegarder ses droits contre le capitaine, de faire les protestations légales dans la forme locale ? Ou bien encore, si,
un navire ayant subi une tempête pendant la traversée, il y
a lieu de procéder à un classement d'avaries entre un armateur, des chargeurs et des assureurs également étrangers,
soit entre eux, soit seulement par rapport au lieu où se
termine le voyage, quelle loi sera plus naturellement choisie
que la loi de ce lieu, qui est celui où tous les droits et toutes
les obligations doivent être liquidés, pour régler la procédure à suivre dans cette liquidation ? Les cas abondent où
l'on ne verrait aucune raison de préférer la loi d'un pays à
celle d'un autre en dehors de la loi du lieu de l'acte, et où

les difficultés d'application des lois étrangères seraient telles que les parties devraient renoncer à l'exercice même de leurs droits. On s'en convaincra, du reste aisément, dans la suite de cette étude.

La maxime *locus regit actum* est donc bonne et bien fondée pratiquement parce que, née d'un besoin, elle lui donne satisfaction. Mais elle l'est aussi à un point de vue purement théorique, car, si elle apparaît comme une exception aux principes du droit international, elle n'est, en somme, qu'un hommage qui leur est rendu, ainsi que cela résulte du caractère d'ordre public qui s'attache, comme nous l'avons établi, aux lois réglementant la forme des actes.

Mais ici s'élève une importante et délicate controverse, née de la diversité des opinions sur l'origine de la règle : la loi du lieu, en matière de formes, est-elle obligatoire ou facultative? Ceux qui n'expliquent la règle que par son utilité soutiennent que, puisqu'elle n'a d'autre but qu'une plus grande facilité dans les transactions et qu'elle est seulement une faveur pour les étrangers, il n'y a aucune raison pour leur interdire d'y renoncer dans leur intérêt. Toutefois, à ce point de vue même, le système de la simple faculté se restreint forcément, comme l'observe justement Laurent (1), aux cas où il ne figure dans l'acte que des étrangers ; car on ne comprendrait pas que, des nationaux y étant parties, ils pussent procéder dans une autre forme que celle de leur propre pays. Et il faut à cette première

(1) *Loco citato*, n° 246, p. 445.

restriction en ajouter une seconde, à savoir que la loi locale, par la nature même des choses, s'impose nécessairement aux actes rédigés en la forme authentique, puisque l'officier public qui reçoit ces actes est tenu de se conformer à cette loi. Le caractère facultatif de la règle ne peut donc être soutenu qu'en ce qui concerne les actes sous seing privé, passés entre parties étrangères, soit seulement au pays où elle contractent, soit encore entre elles.

Pour résoudre cette double hypothèse, qui forme donc le seul objet du débat, nous n'aurons qu'à nous en référer au triple principe d'utilité universelle, de souveraineté territoriale et de consentement international, dont nous avons fait découler la règle *locus regit actum*. Nous en arriverons ainsi à admettre, avec Laurent (1), mais par un autre chemin et avec d'autres conséquences, que cette règle est obligatoire lorsqu'elle est imposée par l'ordre public, mais nous n'appliquerons cette théorie de l'ordre public qu'aux actes passés sur le territoire et non à ceux passés en dehors, car, si l'on comprend que la loi territoriale saisisse l'étranger sur le sol national, on conçoit moins bien qu'elle aille l'atteindre sur son propre territoire et le soustraire aux lois sous l'empire desquelles il vit. Dans cette limite, nous dirons que, puisque le fondement de l'adage réside dans l'idée de souveraineté nationale, il faudra respecter cette idée lorsqu'elle sera en jeu ; mais que, puisqu'il a aussi un but de commodité, on devra l'appliquer dans le sens de la plus grande faveur possible

(1) *Loco citato*, p. 418.

dès qu'elle ne sera plus en jeu, et, lorsque la délimitation sera incertaine, ne faire prévaloir la faculté sur l'obligation qu'en l'état d'une permission explicite ou tacite du législateur. Car, dans ce conflit entre la raison pratique et la raison juridique, c'est celle-ci qui doit l'emporter, la loi et l'usage ne pouvant être qu'interprétés par leurs motifs, mais non gouvernés par eux.

Le bien-fondé de cette distinction (1) se justifie par les arguments mêmes de ceux qui ont expliqué différemment l'origine de la règle *locus regit actum*. Par exemple, Laurent (2), qui admet la validité des actes sous seing privé passés entre étrangers de même nationalité dans les formes de leur pays, en donne pour raison que de pareils actes sont censés faits dans ce pays et rend ainsi hommage au principe de souveraineté, en justifiant par une fiction l'application de la règle dans cette hypothèse. Et c'est peut-être au même point de vue que s'est placé le législateur du Code civil lorsque, dans les articles 47 et 48, il a permis aux Français à l'étranger de faire dresser par leur consul les actes de leur état civil aussi bien dans les formes françaises que dans les formes locales. La présence d'agents diplomatiques dans un État n'a-t-elle pas pu, en effet, être considérée comme un prolongement de la nation qu'ils représentent au delà de ses frontières ? Aussi a-t-on eu tort, selon nous, de vouloir tirer argument de ces deux articles en faveur du caractère généralement facultatif de

(1) Voir un article publié par le *Journal du Droit international privé*, 1880, p. 383 et 384, et dans lequel cette distinction se trouve indiquée.

(2) *Loco citato*, p. 450.

notre règle. Car on peut y voir aussi bien une exception au principe qui la rend obligatoire, puisque les actes auxquels ils ont trait ont pu être assimilés à des actes passés dans le pays même de ceux qui les passent.

Il ne reste guère que la disposition de l'article 999 du même Code à laquelle la théorie de la simple faculté puisse demander un point d'appui. Cet article, en validant le testament rédigé par un Français en la forme olographe dans un pays où cette forme n'est pas reconnue, semble donner un exemple d'une règle générale qu'il consacrerait et faire supposer que cette règle est la faculté, tandis que l'obligation n'est que l'exception. Mais nous ne voyons aucune bonne raison d'interpréter ainsi le seul texte de nos lois qui tranche la question de validité, au point de vue de la forme, des actes passés à l'étranger, et il nous paraît au moins aussi naturel de l'expliquer comme une dérogation, expresse et nécessaire, imposée par notre législateur aux errements du droit international.

Néanmoins, l'extension que font les auteurs, et notamment Laurent (1), de la faveur accordée par l'article 999, aux conventions unilatérales ou bilatérales passées par des étrangers de même nationalité, nous semble devoir être admise. Non pas que l'argument d'analogie ou d'*a fortiori*, en vertu duquel ces auteurs l'ont proposée, puisse être appliqué à un texte auquel nous venons de reconnaître un caractère exceptionnel, mais parce que cette extension nous permettra, en nous faisant concilier la théorie avec

(1) *Loco citato,* p. 449.

la pratique, de rester d'accord avec nos prémisses. L'ordre public des nations n'est pas suffisamment intéressé à ce que les formes des conventions sous seing privé en général soient soumises aux lois locales, lors surtout que les contractants sont tous de même origine, pour qu'ici le principe d'utilité ne puisse et ne doive l'emporter. Mais encore faut-il n'accueillir cette idée qu'avec certaines réserves et refuser toute validité à des actes passés par des étrangers compatriotes toutes les fois qu'une garantie particulière, et tenant à l'ordre public interne, aura été imposée par la loi locale pour la rédaction de ces conventions. Notre Code civil, par exemple, prescrit l'emploi de certaines formes pour les écrits contenant une confirmation d'obligation. Eh ! bien, l'acte confirmatif, consenti en France par un étranger à un autre étranger du même pays, ne sera valable que s'il est conforme à ces prescriptions.

Quant à l'hypothèse où les parties sont étrangères entre elles, il n'est pas douteux qu'il convient de lui appliquer rigoureusement la règle *locus regit actum*. Rien alors ne tenant en échec le principe de souveraineté territoriale, puisque les stipulants ont ordinairement peu d'intérêt à ne pas se soumettre à la loi du lieu, celle-ci doit leur être non plus offerte, mais obligatoirement imposée.

Reste à examiner le cas où la loi nationale prohibe une certaine forme d'acte, que la loi du lieu reconnaît. Il résulte des explications données plus haut (1) que, lorsque la loi nationale soumet un acte à des formes exigées même

(1) Voir la page 10.

ad solemnitatem, la simple observation de la loi locale en dehors de toute forme solennelle, s'il n'en est point requis par cette dernière loi, suffit à la validité de l'acte dans tous les pays. Mais il s'agit maintenant de savoir s'il en est ainsi lorsque la loi nationale interdit expressément de passer certains actes dans une certaine forme autorisée par la loi du lieu. Ici, nous sommes en présence d'une volonté formelle du législateur qui, en vertu de la souveraineté des lois sur le territoire, se refuse à consacrer, dans un intérêt d'ordre public intérieur, l'application de la règle *locus regit actum*. Nous rencontrons là une consécration d'un des trois principes que nous avons reconnus à la base de cette règle, à savoir le consentement réciproque des nations, et c'est ce principe, le plus absolu et le moins douteux, puisqu'il se révèle par des ordres ou des prohibitions du législateur, qui nous oblige, dans ce cas encore, à accepter une dérogation à notre maxime. Il faut donc décider, par exemple, que, le Code hollandais (art. 982) interdisant le testament olographe, sauf pour la nomination d'exécuteurs testamentaires, un Hollandais qui testerait en France dans cette forme ne pourrait, dans son pays, attendre aucun effet de ses dernières dispositions.

Enfin, la question a été posée (1) de savoir si l'acte, dressé en conformité de la *lex loci*, ne doit pas être considéré comme nul, lorsqu'il ne l'a été que pour éluder les prescriptions de la *lex fori*. Sans hésiter, nous répondrons

(1) LAURENT, *loco citato*, II, n° 239, p. 132 ; WHARTON, *Conflict of laws*, n° 685 ; ASSER, *Schets van het internationaal privaatregt*, p. 43 ; BRUCHER. p. 284.

négativement, car il nous paraît impossible d'annuler pour fraude des actes faits en observation des règles établies. Outre les dangers de prouver la fraude en pareil cas, on conçoit mal que le respect de la loi ou de la coutume puisse être imputé à faute.

En résumé, nous dirons que la règle *locus regit actum* est obligatoire, mais seulement dans la mesure où cela découle des idées dont elle est la conséquence. Et, pour appliquer ce criterium, il suffira de tenir compte du degré d'importance de c⟨…⟩ne de ces idées dans chaque hypothèse particuliè⟨…⟩n ne saurait, en cette matière, poser de principe moins relatif : les nombreuses solutions qu'on trouve chez les auteurs sont généralement moins unes et plus incertaines (1).

Ainsi donc, voilà notre règle traduite, délimitée et, autant que faire se peut, caractérisée. Notre plan nous conduit maintenant à rechercher quand et comment elle est apparue et dans quelles conditions elle s'est développée, c'est-à-dire à remonter ses origines dans les faits après les avoir remontées dans les idées.

Le premier, Savigny (2) a fait justice d'une erreur commise par nombre d'auteurs de la Renaissance qui ont cru en rencontrer des traces dans les lois romaines. Mais,

---

(1) On n'a, pour s'en convaincre, qu'à parcourir la brochure déjà citée de Stefano Napolitani. Les systèmes qu'il expose sont innombrables dans chaque ordre d'idées et aboutissent le plus souvent aux mêmes conclusions par des points de départ entièrement opposés. — On peut consulter aussi sur cette question : MASSÉ, I, n° 572.

(2) *Traité de Droit romain*, traduction de M. CH. GUENOUX, VIII, p. 356 et 357, 2ᵉ édition. — Voir aussi FÉLIX, I, p. 10, n° 4, et p. 159, n° 74.

s'il a rétabli la vérité de ce côté, il est tombé et il a entraîné avec lui Phillimore et Wharton dans une erreur non moins grave, en plaçant l'apparition de la règle au seizième siècle seulement. Car on la trouve visiblement affirmée par les glossateurs, et c'est à un représentant de l'école bolonaise que revient l'honneur de l'avoir pour la première fois dégagée. Il est impossible, en effet, de la voir dans ce texte du *Corpus juris canonici* (1), qui tranche une difficulté relative aux formes d'un mariage, mais uniquement au point de vue du droit canonique, et non au point de vue du droit civil. Et, en ce qui concerne la période du Ve au Xe siècle, tout ce qu'on peut y constater, c'est une tendance générale à la personnalité de la loi, par conséquent une exclusion systématique de la loi locale. C'est donc seulement vers le milieu du XIe siècle que le conflit entre la *réalité* et la personnalité législative commence à préoccuper les jurisconsultes, et c'est au XIIe que Bartole, de Bologne, proclame le premier la règle *locus regit actum*. Il suppose qu'une contestation s'élève au sujet d'un contrat passé par un étranger hors de son pays, et, se demandant quel statut doit déterminer la valeur de ce contrat, il répond : « *Locus contractus respicitur* » (2), et reproduit la même solution en examinant la même hypothèse pour le testament (3).

Au Moyen Age, et principalement dans les pays coutu-

---

(1) I, 59, *De sponsalibus*, IV, 1.

(2) COMMENT. *Ad legem cunctos populos*; Code, *de sancta Trinitat*, n°s 13, 14, 15.

(3) COMMENT. *De summà Trinitate*; Code, *ad legem cunctos populos*, n°s 21 et 22.

miers du nord de la France (1), où la loi resta si longtemps territoriale, nul conflit n'était possible et la règle ne fut consacrée que lorsque le régime féodal affaibli eut laissé s'introduire les doctrines italiennes. C'est en se réclamant de ces doctrines que Dumoulin formule de la façon la plus absolue l'empire de la loi locale sur tout ce qui touche à l'enveloppe extérieure des actes (2).

Dans les Pays-Bas, de même, la maxime ne fut adoptée que fort tard. La loi de la situation des biens était préférée à toute autre (3), et ce n'est que vers la fin du XVII° siècle, sous la double influence de Jean Voët (4) et de Rodemburg (5) que la souveraineté de la *lex loci* fut reconnue, quoique avec des variantes, par la grande majorité des auteurs.

Dès lors, et dans tous les pays, c'est d'une façon à peu près unanime (6) que la doctrine la professe et que la jurisprudence l'applique, et il n'y a guère, parmi les modernes, qu'Eichkorn, Muklembruch et Hauss, qui la répudient ouvertement.

Toutefois, si elle est consacrée par toutes les législations actuellement existantes, toutes ne l'ont pas énoncée dans une formule générale.

Un certain nombre d'entre elles se bornent à en faire

(1) Dans la France méridionale, P. DE CASTRE, qui enseignait à Avignon, (1394-1412), réédita les idées de Bartole.

(2) COMMENT. In *Cod.*, liv. 1, tit. 4, l, 1, *Conclus. de statut.*, C. III, p. 554.

(3) BURGUNDUS n'admettait la maxime que pour les contrats et la rejetait pour les testaments (*Tractat.*, 6, n°° 1, 2, p. 129, et *ibid.*, 1, n° 86, p. 89).

(4) *Ad Pandect.*, liv. 1, tit. IV, Pars 2, § 13, 15, p. 45 et 46.

(5) *De diversis statutis*, tit. II, ch. III, n°° 1, 2.

(6) Voir FOELIX et DEMANGEAT, *Traité de droit international*, 1, n° 74, p. 169, 4° édition.

l'application dans des textes très disséminés : par exemple, le Code civil français dans les articles 47, 170, 999 ; le Code des Deux-Siciles dans les articles 49, 180, 925 ; le Code du canton de Vaud dans les articles 19, 77, 659 ; le Code de Haïti dans les articles 49, 155, 805 ; le Code grec dans les dispositions relatives aux testaments. Le principe est, au contraire, exprimé sous la forme d'une règle catégorique dans les Codes prussien, bavarois, wurtembergeois, néerlandais, russe, de la Louisiane et italien.

Mais, nulle part, il n'est en contradiction avec la coutume ou la loi, et l'on peut aujourd'hui l'étudier comme un axiome juridique partout incontesté et chaque jour plus largement appliqué, parce qu'il répond aux tendances toujours plus internationalistes du droit moderne.

Pour étudier la règle *locus regit actum* en droit maritime, il ne nous suffira pas de faire le commentaire d'un code, car presque aucun des articles de nos lois ni des lois étrangères ne réglemente spécialement, au point de vue international, la forme des actes de la navigation commerciale. Il nous faudra surtout chercher nos solutions dans les décisions rendues par les juges de tous les pays sur les cas particuliers où le problème est posé. Mais, pour ne rien omettre de notre sujet, nous prendrons comme guide, dans cette recherche, le livre deuxième du Code de commerce français, qui est notre code de la mer. L'ordre dans lequel il est conçu nous servira de fil conducteur et nous fournira une décision complète et naturelle de notre matière. Nous aurons ainsi autant de chapitres qu'il contient de titres.

I

L'article 190, qui ouvre le livre II du Code de commerce et qui, en établissant la nature juridique des navires, soulève la question de leur naturalisation, n'éveille nullement l'idée d'un conflit possible de législations. Chaque État règle comme il l'entend les formalités auxquelles il subordonne le droit pour un navire de se prévaloir de sa nationalité, et ces formalités sont de telle sorte que, devant toujours être remplies par des nationaux (ou par une majorité de nationaux, lorsque le navire appartient pour partie à des étrangers) et presque toujours en deçà des frontières de la nation, leur accomplissement ou leur inaccomplissement ne saurait dépendre de la règle *locus regit actum*. Les formes de la francisation n'ont donc rien à voir avec cette règle puisque, en principe du moins (1), un navire ne peut devenir français tant qu'il est, pour plus de la moitié, propriété étrangère, et que, d'ailleurs, on ne comprendrait pas que l'acte de la nationalisation pût s'opérer, même à l'étranger, dans des formes autres que celles de l'État dont le navire sollicite le pavillon, de même qu'on ne compren-

(1) Lorsque les navires appartiennent à des sociétés par actions, les étrangers peuvent posséder plus de la moitié de ces actions (DESJARDINS, I, p. 107 ; RUBEN DE COUDER, v° *Francisation*, n° 19 ; RENAULT, à son cours ; TEISSIER, p. 120).

drait pas, par exemple, qu'un Italien pût, en Allemagne, se faire naturaliser Français suivant les formes de la législation allemande. Par conséquent, en admettant, ce qui est plus que contestable, qu'un navire puisse prétendre à la francisation tout en conservant son port d'attache à l'étranger, il ne peut être question pour ce navire d'obtenir cette faveur en dehors de l'accomplissement des formalités requises expressément par nos lois. En revanche, ces formalités étant accomplies, il pourra revendiquer en tout pays la nationalité ainsi acquise, comme cela est consacré par plusieurs traités de navigation (1), qui ne font, du reste, que confirmer un principe universellement mis en pratique (2).

Mais, si l'article 190 est sans intérêt pour nous dans cette étude, nous trouvons, au contraire, dans les articles 191 et 192, qui traitent des privilèges sur les navires, une source d'applications de notre règle en ce qui concerne les formalités auxquelles on doit soumettre soit l'acquisition, soit l'exercice de ces privilèges.

Au point de vue de l'existence même du droit, la jurisprudence est très divisée. La plupart des auteurs, traitant le navire comme un meuble ordinaire, appliquent aux privilèges qui peuvent le grever la *lex rei sitæ*, c'est-à-dire la loi de sa situation, tandis que d'autres proposent la loi du pavillon. De même, pour ce qui a trait aux modes d'éta-

(1) Traités de la France avec : l'Autriche-Hongrie, 9 avril 1881 (art. 3) ; la Belgique, 31 octobre 1881 (art. 5) ; le Portugal, 19 décembre 1881 (art. 16) ; la Suède, 30 décembre 1881 (art. 5) ; la Serbie, 18 janvier 1883 (art. 22).

(2) Voir ORTOLAN, 1, p. 180 et 191 ; FIORE, *Droit public international*, 11, p. 475 ; TEISSIER, thèse, p. 142.

blissement du droit et aux conditions formelles de son
exercice, la question est résolue dans des sens très divers,
et, tout ce que l'on peut constater, c'est une tendance toujours plus marquée de la jurisprudence maritime à interpréter les textes relatifs à la forme des actes dans le sens
de la plus grande liberté possible pour les parties. Disons
tout de suite que nous ne saurions faire autrement que de
la suivre dans cette voie. En matière internationale, les
nécessités du commerce et la sécurité des opérations
exigent que les entraves légales soient réduites à leur mini-
mum, et, par suite, la loi non seulement doit être, comme
en toute matière, commentée d'après son esprit, mais
encore restreinte, dans ses applications, aux conséquences
directes et littérales de ses termes mêmes. Qu'le qu'ait
été en fait, ou du moins paraisse avoir été, l'intention
du législateur lorsqu'il a écrit une disposition, la marche
des idées et l'évolution des besoins commandent de n'appliquer cette disposition que dans la mesure où elle peut se
concilier avec l'une et l'autre. D'ailleurs, l'étude minutieuse
des articles du Code de commerce relatifs aux formalités
des actes montre clairement que ces formalités ne sont, la
plupart du temps, que l'expression d'idées surtout théo-
riques et empreintes d'un formalisme aujourd'hui suranné,
et que les garanties qu'elles ont pour but d'assurer sont,
dans la pratique, beaucoup plus illusoires que réelles (1).

(1) Il va sans dire que nous n'aurons pas à nous occuper des décisions
relatives aux conflits pouvant s'élever à l'occasion du rang des privilèges, car
la question du rang se rattache au fond du droit et on la résout le plus souvent par l'application de la *lex fori* (voir Rouen, 22 juillet 1878, DALLOZ.

La règle d'interprétation que nous adoptons, tout en prétendant rester juridique, est donc aussi libérale qu'il se peut, et nous la suivrons dans tout le cours de cette étude. Lorsque la loi parlera clairement et disposera en toutes lettres, nous accepterons ses prescriptions sans les discuter. Mais, en présence de son silence ou de son ambiguïté, nous trancherons toutes les difficultés d'après l'équité et l'utilité, qui sont les deux sources incontestables du droit.

En ce qui concerne les privilèges, la matière se divise d'elle-même naturellement. Il faut, en effet, séparer le moment de la naissance et celui de l'exécution du droit, c'est-à-dire, d'une part, les formalités dont le créancier devra justifier qu'elles ont été accomplies lors de l'acquisition du privilège et, d'autre part, celles dont l'accomplissement lui sera nécessaire, une fois son droit reconnu, pour arriver à sa réalisation. En d'autres termes, il faut distinguer la période de la collocation et celle de la saisie et de la vente. Cette distinction correspond aux deux ordres d'idées traités par le Code de commerce sous les titres I et II du deuxième livre.

Après avoir énuméré, dans l'article 191, les divers privilèges sur le navire, le législateur, dans l'article 192, subordonne leur exercice à un certain nombre de conditions externes, pour la plupart fort rigoureuses. Dans le 1° de cette disposition, il est dit que les frais de justice doivent

74, 2, 180; Tribunal de l'Empire, 25 novembre 1880, *Revue internationale du Droit maritime*, VIII, p. 584 ; *contrà* : Cour du district sud de New-York, *ibid.*, III, p. 367, et la note; Copenhague, *ibid.*, VII, p. 580. — Voir aussi VINCENT et PENAUD. *Dictionnaire du Droit international privé*, v° *Privilèges et hypothèques*, n°ˢ 87 et suiv.

être constatés, pour l'exercice du privilège qui en découle, par les états de frais arrêtés par les tribunaux compétents. Il a été jugé (1) que le tribunal compétent c'était, en l'espèce, celui qui a connu de la saisie et de la vente du navire. Nous n'aurons pas à nous demander ce qu'il faudra décider lorsque ce tribunal sera un tribunal étranger et que le créancier produira des états de frais arrêtés par cette juridiction. Ces documents auront, sans contredit, la même valeur que s'ils émanaient d'un tribunal français, car il est admis d'une façon générale que les actes judiciaires étrangers font foi en France des faits qu'ils constatent (2). Ici, d'ailleurs, le magistrat, en constatant les frais soumis à sa taxation, fait office, non pas de juge, mais plutôt d'officier public : il n'apprécie pas, il vérifie et atteste. Or, on ne verrait pas pourquoi la même valeur ne serait pas reconnue aux attestations de la justice étrangère qu'à celles de la justice française. Ici donc, il ne peut y avoir de doute qu'au cas où le tribunal étranger n'est pas compétent d'après la loi française. Mais il est bien certain que l'article 192, en parlant des *tribunaux compétents*, résout par ses termes mêmes la question de compétence par les règles du lieu où l'on se trouve. Au surplus, la jurisprudence ne conteste pas le pouvoir des tribunaux étrangers lorsqu'ils n'ordonnent que des mesures purement conservatoires, et il est difficile de ne pas reconnaître ce caractère à la taxation des frais de justice. Que si l'on suppose le

(1) Conseil d'État, 17 mai 1809, DALLOZ, J. G., v° *Droit maritime*, n° 278.

(2) VINCENT et PENAUD, *op. cit.*, v° *Jugement étranger*, n° 28.

privilége réclamé par un créancier l'ayant acquis dans un pays où la justification des frais n'est soumise à aucun mode de preuve particulier, devra-t-on néanmoins l'admettre en concours avec d'autres créanciers qui se seront conformés aux prescriptions de la loi française ? En effet, si les codes égyptien, espagnol et italien présentent à cet égard la même particularité que le nôtre, on ne la retrouve pas dans les autres législations. Que décider alors pour les créanciers ressortissant à l'une de ces législations, soit nationaux des pays qui leur sont soumis, soit étrangers à ces pays, mais ayant acquis leur droit sur leur territoire ? La solution à donner à cette question, d'après les principes posés plus haut, c'est que l'article 192, 1°, si catégorique et formel qu'il soit, ne peut être raisonnablement appliqué qu'aux Français ou aux étrangers en France. Et il nous semble bien que c'est là l'idée implicitement contenue dans cette phrase de M. Laurin, qui, traitant des priviléges en général, dit que leur justification « n'admet, en principe et sauf les cas d'impossibilité, ni remplaçants, ni équivalents » (1) et qui ne fait, en le disant, que reproduire l'opinion déjà émise par Dufour (2). Il est à remarquer que, dans les paroles de M. Laurin, il y a une double restriction résultant des mots *en principe* et *sauf les cas d'impossibilité*. La règle est absolue, semble-t-il dire, et en réalité il dit qu'elle est relative, car il ne peut être question d'équivalents ou de remplaçants que s'il est impossible de satisfaire aux prescriptions de la loi. Et c'est précisément ce

(1) T. I, p. 120.
(2) T. I, p. 327.

qui se produit lorsqu'on est en présence d'un étranger qui
n'a d'autres preuves à apporter que celles exigées par la
législation dont il relève ou par celle du pays où son droit
a été constitué.

En effet, on ne saurait vouloir sans iniquité que celui
qui a fourni son ministère dans l'intérêt de la justice locale,
pour une saisie conservatoire par exemple, ne puisse faire
valoir son privilège dans un autre État par ce motif qu'il
ne se serait pas conformé aux lois de cet État. Comment
exiger de lui qu'il les connût et surtout qu'il pût prévoir
dans quel pays il aurait un jour à invoquer son droit ?
Tout au plus pourrait-on dire que l'article 192 est rigoureusement et sans exception applicable aux privilèges nés
en France, car cet article semble bien se borner, en exigeant une justification judiciaire du privilège, à régir le
plerumque fit et à indiquer le mode de preuve naturel
auquel le juge, chargé de l'ordre, devra accorder le plus
de créance.

Nous pensons, par conséquent, que la loi du lieu, qui
sera le plus souvent la loi nationale du créancier, est la
seule qui puisse donner satisfaction à l'équité. Et, comme
rien dans le texte ne l'exclut positivement, il n'y aurait
aucune bonne raison pour ne pas la consacrer d'une façon
absolue. Aussi l'admettrons-nous même dans le cas où la
législation étrangère ne prescrit aucune espèce de formalités équivalentes à celles de la loi française. Car, si l'on
entrait dans la voie des équivalents, on serait bien en
peine pour déterminer les conditions qu'ils devraient remplir et il y aurait un grand danger à laisser au juge le soin

de cette détermination. Sans doute, en matière de privilèges, tout est de droit étroit; mais la rigueur du droit ne peut faire échec au grand principe d'équité qu' « à l'impossible nul n'est tenu », du moment que la loi n'y fait pas échec elle-même. Si donc la loi locale est muette sur le mode de preuve du privilège pour frais de justice, le créancier devra être admis en France à l'établir par tous les modes du droit commun, sauf au magistrat à se montrer plus ou moins rigoureux sur les justifications fournies.

Le 2° de l'article 192 subordonne l'exercice du privilège pour droits de tonnage et autres à la production des quittances légales des receveurs. Le mode de preuve exigé par la loi ne paraît être ici qu'un moyen donné par elle, à titre d'exemple, comme le plus simple et le plus sûr pour établir la créance du fisc. Il est peu probable, en dépit des termes exprès employés par le législateur au début de notre article, qu'il ait entendu soumettre d'une façon exclusive, même pour des droits acquis en France, l'admission du privilège en question à la présentation des reçus de l'administration. L'alinéa est rédigé d'une façon si défectueuse que la prescription de la loi ne peut révéler une intention bien formelle du législateur. Les quittances sont, en effet, des preuves de paiement et non des titres de créance, et il a fallu, pour donner un sens au texte, supposer que la quittance est produite par le courtier maritime qui, ayant avancé les droits, a été subrogé par ce paiement dans la créance du fisc. Or, l'article 48 du décret du 12 décembre 1806, qui rend le courtier responsable du paiement des droits, ne parle que des droits de pilotage, d'entrée et de sortie, et nullement des droits de tonnage (1). On doit donc, pour expliquer notre alinéa, admettre que la quittance dont il y est question est le récépissé préparé par le receveur et non encore acquitté. Mais, s'il en est ainsi, comment croire que cette pièce soit la seule qui puisse constituer une preuve du privilège? Ne devra-t-on pas une foi au moins aussi grande aux livres mêmes du receveur? Et ceci ne démontre-t-il pas qu'au fond tout ce que la loi exige, ici encore, c'est une justification ayant forme légale? (2). Par suite, si le privilège est réclamé par un État étranger sur un navire exécuté en France, il pourra s'établir, à notre avis, par tous les moyens admis par les lois de cet État. Ainsi le code chilien exigeant, pour la constatation des créances privilégiées de l'administration, des certificats de l'autorité administrative, le juge français devra se contenter de ce mode de preuve (3).

Et il en sera de même pour les autres droits auxquels l'alinéa 3 fait allusion sans les mentionner, entre autres pour les droits de pilotage. Par exemple, à l'égard de ces derniers, le code italien, qui, dans son article 286, exige la justification du salaire des pilotes par les attestations des

(1) Voir DESJARDINS, t. 1, n° 178.

(2) Dans un jugement du 27 mars 1866 (M., 67, 2, 32), le tribunal de commerce de Marseille a refusé de reconnaître le rang de privilège à la créance pour frais de pilotage avancés par un courtier maritime, qui ne justifiait ses avances que par des reçus faits au nom du capitaine. En l'espèce, il est évident que la créance n'était pas justifiée en tant que créance privilégiée par subrogation et que rien, comme le dit el jugement, ne prouvait que les droits eussent été acquittés des deniers mêmes du demandeur. Cette décision n'infirme donc pas notre manière de voir.

(3) Voir DESJARDINS, *ibid*.

administrateurs de la marine marchande, ajoute : « ou par toute autre preuve que l'autorité judiciaire croira devoir admettre suivant les circonstances ». Le créancier qui aura acquis un privilège sur le navire pour l'avoir piloté dans les eaux italiennes pourra invoquer devant nos tribunaux un mode de preuve quelconque pour justifier son droit. Pareillement, le code chilien admettant que la créance du pilote peut être établie, non seulement par le certificat du gouverneur maritime, mais encore par l'attestation de celui qui a employé le pilote, on devra en France traiter cette créance comme privilégiée malgré l'inaccomplissement des formalités de la loi française. Dans ces cas, le juge devra seulement avoir tel égard que de raison aux justifications offertes au point de vue de la confiance qu'elles méritent. On objectera peut-être qu'avec un pareil système les garanties que le législateur de l'article 192 a voulu assurer à la masse des créanciers vont être sacrifiées et que, là où le privilège pourra être utilement appuyé d'un titre émanant du débiteur lui-même, la protection accordée par la loi à l'ensemble des ayants-droit sur le navire va devenir absolument lettre morte. Nous ne nous dissimulons pas la gravité de l'observation. Mais nous pensons qu'il y a encore moins d'inconvénients, en équité, à donner accueil à des droits nés à l'étranger dans les seules conditions où ils pouvaient y naître, c'est-à-dire dans les formes usitées dans leur pays de naissance, qu'à rejeter des créances, non sujettes à caution en fait, par ce seul motif qu'elles ne se présentent pas sous la forme voulue par nos lois. Le silence du législateur doit être apprécié, en droit international, dans le sens le plus large et le plus hospitalier. La fonction du juge sera précisément de faire un juste départ entre les droits douteux et les droits certains.

Dans le 3° de notre article, il est question des dettes désignées sous les numéros 3, 4 et 5 de l'article 191, qui doivent être constatées, d'après le texte, par des états arrêtés par le président du tribunal de commerce. Il faut laisser de côté les privilèges correspondant au numéro 1, dont nous avons déjà parlé et qui ne figurent ici que par une erreur du législateur (1). En ce qui concerne ceux qui correspondent au numéro 3, il faut encore éliminer le privilège du gardien judiciaire, qui rentre dans les frais de justice et pour lequel, d'ailleurs, le président du tribunal civil serait seul compétent, puisque cette juridiction a pu seule connaitre de la vente du navire.

Quant au salaire du gardien extra-judiciaire, il va de soi qu'il sera suffisamment justifié par l'attestation du président d'un tribunal de commerce étranger, pour les pays où, comme l'Espagne et l'Égypte, est reproduite la disposition de notre paragraphe 3. Mais il faut, croyons-nous, aller plus loin et se contenter de l'attestation d'une juridiction quelconque, compétente d'après la loi du lieu, ou de l'attestation d'un magistrat d'un tribunal de commerce autre que le président, d'un juge de ce tribunal par exemple. Ainsi, le code chilien disant que « les frais de garde seront constatés par la taxe du juge de commerce qui les a autorisés et approuvés », la taxation de ce magistrat, quel que

1) Voir DESJARDINS, I, n° 177.

soit son rang hiérarchique, devra suffire au regard du juge
français.

Le tribunal civil de Marseille a pourtant jugé, le
10 février 1882 [1], qu'un capitaine étranger, qui n'avait
pas fait viser ses états de frais de garde et d'entretien par
le président du tribunal de commerce de cette place, était
mal fondé à prétendre un privilège sur le navire et que
sa créance devait être rejetée au rang des chirogaphaires.
Mais il s'agissait de frais qui avaient couru en France, où
la saisie avait eu lieu, et, dès lors, l'application même de
la règle *locus regit actum* eût conduit à cette solution.

Nous en dirons autant de la justification du privilège du
locateur des magasins où se trouvent déposés les agrès et
apparaux. Le code chilien le fait établir par « l'attestation
résultant de l'autorisation de dépôt ». Si cette autorisation émane du pouvoir judiciaire, elle fera preuve entière
en France, il faut l'admettre sans hésitation. Mais que
décider si elle a été délivrée par l'autorité administrative ?
Il n'y a aucun motif de distinguer au point de vue de la
sincérité de la créance, et nous n'avons qu'à répéter pour
ce privilège ce que nous avons déjà dit pour les précédents.

Enfin, aux frais d'entretien du bâtiment pour le dernier
voyage et des agrès et apparaux il y aura lieu d'étendre
ce que nous avons admis pour les frais de garde, car il y a
les mêmes raisons de décider.

Le 4° de l'article, relatif à la preuve du privilège des

____

[1] M., 82, 2, 85.

hommes d'équipage pour leurs gages et loyers, est d'un commentaire plus facile que les précédents, car ici la loi a été interprétée par une jurisprudence assez notable en même temps que par la doctrine, et nous aurons à tenir compte de l'une et de l'autre sur le terrain de la discussion. Le texte exige que les salaires des gens de mer soient établis par les rôles d'armement et de désarmement arrêtés dans les bureaux de l'inscription maritime. Ce mode de justification est-il essentiel, d'ordre public, et son inaccomplissement peut-il être opposé à toute espèce de créances, même à celles nées hors de France ?

Un jugement du tribunal de commerce du Havre, du 28 août 1860 (1), a décidé que le privilège des gens de mer ne pouvait être justifié, en France et entre Français, que par le mode indiqué à l'article 192, et cela dans une espèce où le droit ne faisait aucun doute en soi, de l'aveu même du tribunal. Ne doit-on pas déduire de là que la loi comporte, sur ce point, une interprétation particulièrement rigoureuse et dont les conséquences devraient être supportées par ceux mêmes dont les droits ont pris naissance à l'étranger ? Le jugement ci-dessus, du reste très faiblement motivé, ne saurait, à notre sens, conduire à une pareille conclusion. Car il s'agit, dans l'hypothèse qu'il résout, d'un capitaine qui s'est laissé porter sur le rôle comme payé alors qu'il ne l'était pas et que les juges ont considéré, pour ce motif, comme ayant renoncé volontairement à son privilège. Un jugement du tribunal civil de Marseille, du

(1) DALLOZ, 1862, 3, 24.

7 mars 1865 (1), a donné la même solution sur la demande
en collocation privilégiée de la créance d'un marin pour des
salaires qui n'étaient établis qu'au moyen d'un billet souscrit par le capitaine et causé « valeur pour les salaires de
ce marin », et d'un jugement de condamnation contre le
capitaine à raison de ce billet, et a rejeté ainsi cette
demande : « Attendu que X... ne justifie pas sa créance par
« le mode exigé par la loi ; qu'en cette matière, les équi-
« pollents ne sont pas admis ; que le titre dont X... est
« porteur ne constitue qu'une créance chirographaire contre
« le capitaine... » Il est certain que, dans ces deux cas,
l'impossibilité d'établir légalement le privilège résultait de
la faute ou tout au moins du fait du créancier lui-même, et,
la question de bonne foi mise de côté, on peut, jusqu'à un
certain point, comprendre qu'on se soit refusé à lui faire un
titre de sa négligence. Mais tout autre est le cas de
l'étranger. Les codes italien et espagnol sont calqués sur
le nôtre au point de vue des moyens de preuve du privilège
des gens de mer. Pas de difficulté donc en ce qui concerne
les sujets italiens ou espagnols. Au contraire, d'après le
code chilien, les loyers sont constatés par le compte
revêtu du visa et de l'approbation du gouverneur maritime,
et, d'après le code égyptien, par les rôles arrêtés dans les
bureaux de l'office du port ou de la chancellerie commerciale. Que décider si un matelot engagé au Chili ou en
Égypte invoque en France le privilège de l'article 191, § 6 ?
La preuve lui en sera-t-elle impossible en dehors des
formalités de l'article 192 ?

(1) M., 65, 2, 49.

Un arrêt de la cour d'Aix du 9 décembre 1870 (1), confirmant par adoption de motifs un important jugement du tribunal civil de Marseille du 3 mars de la même année, a résolu la difficulté en faveur de la *lex fori*, autrement dit de la loi du lieu où le privilège est invoqué. La réclamation émanait, en l'espèce, de matelots autrichiens, qui excipaient de leur nationalité pour faire valoir leur privilège en dehors des rôles arrêtés par l'inscription maritime, aux règles de laquelle ils soutenaient n'être pas soumis par leurs propres lois, dont l'autorité avait présidé à la signature de leur engagement. Le tribunal les débouta par les considérants que voici : « Attendu que, si le para- « graphe 6 de l'article 191 du Code de commerce accorde « un privilège pour les gages du capitaine et autres gens « de l'équipage, employés au dernier voyage, il faut, pour « exercer ce privilège, justifier la créance par les rôles « d'armement et de désarmement arrêtés dans les bureaux « de l'inscription maritime ; qu'on a soutenu, à la vérité, « que les gens de l'équipage, étant sujets autrichiens, ne « sont pas soumis aux règles de l'inscription maritime ; « mais, *sans que le tribunal ait à se prononcer sur* « *l'existence d'un texte appartenant à une législation* « *étrangère, il est certain que les sieurs..... ne sauraient* « *se prévaloir d'une disposition de la loi française qui* « *est favorable à leurs intérêts, sans fournir à la justice* « *les mêmes justifications que la loi demande aux* « *citoyens français...., etc. ».*

(1) DALLOZ, 74, 2, 175.

Cette décision, qui viole ouvertement la règle *locus regit actum*, est contredite par la raison même. Elle l'est aussi par un jugement du même tribunal civil de Marseille, en date du 13 juin 1874 (1), duquel il résulte que les formalités prescrites par le § 4 de l'article 192 ne sont pas nécessaires du moment qu'il s'agit de marins étrangers ; mais nous ne saurions mieux faire, pour la réfuter, que de lui opposer quelques lignes tirées de l'ouvrage de M. Victor Jacobs sur *le Droit maritime belge* (2). Après avoir posé en principe que le conflit des lois, pour ce qui concerne le fond du droit en matière de priviléges, doit être tranché en faveur de la législation à laquelle est soumis le juge saisi du litige, l'auteur s'exprime en ces termes : « Ce que nous disons du rang et des conditions des priviléges ne peut être étendu aux formalités à observer dans les contrats pour qu'ils puissent servir de justification aux créances privilégiées. Les seules formalités que le créancier peut observer sont celles de la loi du contrat, quand il a recours aux fonctionnaires locaux, ou de la loi du pavillon quand l'acte est passé au consulat du pays auquel appartient le navire : les marins ne peuvent être enrôlés au commissariat maritime dans les pays qui n'ont pas de commissariat maritime... La *lex fori* détermine les conditions du privilége ; .... mais, pas plus pour les priviléges que pour les hypothèques, elle ne régit les formalités à observer, en tous pays, par les contractants ».

Ce thème n'est que la paraphrase de ce que nous avons

(1) M., 76, 2, 8.
(2) T. 1, p. 78.

dit plus haut. On peut y ajouter cette considération, en ce qui concerne l'engagement des marins à l'étranger, que l'application de la loi du lieu d'exécution aboutirait à des iniquités absolument inacceptables. Le marin, qui contracterait un engagement sous la garantie des droits que la généralité des législations lui assure, serait étrangement dupé lorsque, le navire étant saisi et vendu dans un pays dont les lois exigent des justifications spéciales pour l'exercice du privilège, il se trouverait dans l'impossibilité d'exercer le sien faute de produire ces justifications, qui seraient restées en dehors de ses prévisions. Il en résulterait une insécurité extrême, car il est impossible de prévoir dans quel port le navire, à bord duquel l'engagement est pris, pourra être un jour exécuté. Et, comme on ne peut exiger des parties qu'elles se conforment à toutes les législations en même temps, alors surtout que celles-ci peuvent être contradictoires, refuser d'admettre le privilège des gens de mer né à l'étranger dans les formes locales équivaudrait en fait à ne reconnaître aucun effet en France à cette catégorie de privilèges constitués dans les pays qui n'ont pas organisé l'inscription maritime. Il ne pourrait résulter de là qu'une plus grande difficulté dans le recrutement des équipages, de telle sorte qu'en définitive ce qui a été institué dans un but de garantie pour la masse des créanciers du navire deviendrait une source de difficultés pour les armateurs et, d'une façon générale, pour la navigation et le commerce tout entier. D'autre part, les créanciers du navire qui, pour se mettre en règle, n'auraient eu qu'à remplir sur place les formalités prescrites par leur loi nationale, seraient, vis-à-vis des étrangers, dans une situation de supériorité qui ne saurait être consacrée au nom du droit.

Il ne pourrait donc y avoir à choisir qu'entre la loi locale et la loi du pavillon. Mais la première nous semble de beaucoup préférable à la seconde, et cela par la raison suivante. Ces deux lois seront le plus souvent confondues, le contrat d'enrôlement étant le plus ordinairement passé au port de départ, dans le pays du navire et entre parties originaires de ce pays. Mais, lorsqu'il est passé en cours de route, c'est habituellement entre un capitaine étranger au lieu où l'on se trouve et des matelots qui en sont, au contraire, originaires ; dans ce cas, il n'y a aucun motif pour préférer la loi d'une des parties à celle de l'autre et rien n'est plus naturel et équitable que de choisir la législation locale, qui est en quelque sorte commune à l'une et à l'autre. On peut dire aussi, en thèse générale, que les formalités ne peuvent être remplies que dans le pays même où elles sont prescrites et que, dès lors, l'application de la loi du pavillon dans un port étranger au navire serait quelquefois impossible.

Juridiquement même, cette solution est encore la plus satisfaisante de toutes. On pourrait bien lui opposer cette ligne extraite de l'exposé des motifs (1), qui indique, pourrait-on dire, l'intention du législateur d'une façon non douteuse : « Il était d'autant plus indispensable de prendre des précautions que les créances privilégiées peuvent quel-

(1) Procès-verbal du 8 septembre 1867, n° 1.

quefois absorber le gage commun des créanciers ordinaires. » Qu'est-ce à dire, sinon que les formalités de notre
article ont été instituées comme des garanties pour la masse
des créanciers ? Et tout ce qui est prescrit à titre de garantie n'est-il pas d'ordre public ? Sans doute, mais il faut aller
plus avant dans la pensée du législateur. Ce qu'il a voulu,
c'est que la créance des marins fût bien et dûment établie.
Et, comme elle ne peut l'être évidemment que par le titre
de la créance et que ce titre émane de l'inscription maritime, il ne pouvait admettre, comme mode justificatif de la
créance, qu'un document établi par les bureaux de cette
administration. Mais, là où le titre ne peut émaner que
d'une autre administration, comme en Italie, en Égypte ou
au Chili, il est bien certain que l'exigence de la loi ne se
comprendrait plus, *mutatis mutandis*. Et, là même où
n'existe aucune institution analogue à notre inscription
maritime, comme en Turquie et dans la République argen-
tine, il va de soi qu'il faudra bien se contenter de tous les
moyens de preuve, quels qu'ils soient, à la seule condition
de ne leur faire que la confiance qu'ils méritent. Cette tolérance est imposée, d'ailleurs, non seulement par l'équité,
mais aussi par l'intérêt réciproque des nations, étant données
l'extrême mobilité des navires et la diversité des législations auxquelles ils peuvent, en cours de voyage, se trouver
soumis.

En outre, conformément à ce que nous avons déjà dit, il
ne faut pas abuser de l'objection tirée de l'ordre public.
Lorsque la loi prescrit une formalité à laquelle elle attache
une grande importance pour la sécurité des parties et des

tiers, elle ne vise apparemment que les actes passés sur le territoire. Ce qu'elle veut, c'est que tout le monde, nationaux ou étrangers, se soumette à ses rigueurs dans les écrits qu'ils rédigent et, en général, dans tous les actes juridiques qu'ils effectuent. Mais, comme la plupart du temps, la forme n'est, en quelque sorte, que la manière d'être de l'acte, on ne peut la séparer qu'intellectuellement de lui. On doit donc, pour la déterminer, se reporter au moment où il a été accompli et, par une suite de la même idée, au lieu de sa naissance.

C'est donc avec un grand sens que le tribunal civil de Marseille a décidé, le 31 décembre 1881 (1), que les formalités du paragraphe 4 n'étaient nullement indispensables pour les marins étrangers et que, pour ces derniers, la production du rôle arrêté par le consul de leur nation était suffisante. Cette décision s'appuie sur des motifs dont il est intéressant de lire la teneur : « Attendu que les défen« deurs au procès fondent leur résistance à l'admission du « privilège réclamé sur ce que les justifications exigées « par l'article 192, § 4, du Code de commerce ne seraient « point produites ; qu'ils s'opposent, en effet, à ce que le « tribunal reconnaisse, comme justification véritable des « gages et loyers de l'équipage, la production du rôle du « navire et les certificats de M. le consul général d'Espagne, « attestant le paiement des salaires acquittés dans son « consulat ; que l'argument principal auquel se rattachent « les moyens fournis par les opposants à l'admission du

(1) M., 82, 2, 26.

« privilége consiste à soutenir que, puisqu'il s'agit d'un
« avantage exceptionnel attaché à tel ou tel ordre de
« créances, la matière est de droit étroit ; qu'il faut donc
« s'en tenir strictement aux termes de l'article 192, § 4,
« qui exigent, quant aux gages et loyers d'équipages,
« la production des rôles d'armement et désarmement
« arrêtés dans les bureaux de l'inscription maritime ; que
« la situation n'est point la même que dans l'espèce réso-
« lue par le tribunal de céans à la date du 3 mars (*précité*),
« car l'équipage ne fait nullement valoir aujourd'hui qu'il
« n'existe pas d'inscription maritime, mais soutient qu'il
« est régulièrement inscrit sur le rôle légal du navire, et
« que ce rôle d'armement et de désarmement, tenu confor-
« mément aux lois espagnoles, a été arrêté dans les bureaux
« du consulat espagnol, à Marseille, et que les formalités,
« prescrites par l'article 192 du Code de commerce, se
« trouvent ainsi réellement accomplies suivant les formes de
« la nationalité à laquelle ils appartiennent ; que la cause
« actuelle rentre bien plutôt dans la portée du jugement rendu
« par le tribunal de céans le 8 avril 1874 (*que nous retrou-*
« *verons plus loin*), et dans lequel il a été reconnu qu'en
« matière d'hypothèque maritime (et les principes par
« rapport au privilège sont évidemment les mêmes), l'hypo-
« thèque contractée en pays étranger et affectant un navire
« étranger produisait en France tous ses effets légaux
« quand ce contrat était dans les formes du pays où il était
« passé et qu'il était reconnu exécutoire en France ; que,
« *quelle que soit la rigueur du droit à laquelle il faille*
« *s'attacher en matière de privilège, il est évident que*

« *c'est à l'esprit et au sens de la disposition légale qu'il*
« *faut se rapporter, plutôt qu'aux termes pris étroite-*
« *tement dans leur texte ;* qu'ainsi, il faut reconnaître que,
« dans un pays étranger où il n'existe pas de commissaire
« de l'inscription maritime, le consul, représentant sa
« nationalité, exerce au fond et réellement les attributions
« de ce fonctionnaire ; qu'il en est ainsi incontestablement
« pour le droit français ; qu'il existe même, à cet égard,
« des dispositions explicites : qu'ainsi, l'article 25 de l'or-
« donnance sur la marine du mois d'août 1861 porte que
« les polices d'assurance, les obligations à grosse aven-
« ture ou à retour du voyage, « tous autres contrats mari-
« times » pourront être passés en la chancellerie du con-
« sulat ; que l'ordonnance du 29 octobre, 21 novembre 1833,
« sur les fonctions des consuls dans leurs rapports avec la
« marine commerciale, contient sur le même sujet une
« série de dispositions formelles dans les articles 10, 11,
« 40, 42, 45, 46, 50, 51, 52 ; qu'il faut notamment remar-
« quer l'article 11, qui ordonne au capitaine de déposer
« dans le consulat, à l'appui de son rapport de mer, l'acte
« de propriété du navire, l'acte de francisation, le congé, le
« rôle d'équipage, les acquits à caution, le journal du bord ;
« *qu'il est donc constant que, pour les navires français en*
« *pays étrangers, le consulat tient lieu de bureau de l'ins-*
« *cription maritime et le consul remplace le commissaire*
« *dans ces fonctions ;* que, par conséquent, si un navire
« français est saisi en pays étranger, le privilège des
« salaires de l'équipage est maintenu et justifié par l'ar-
« rêté des rôles d'armement et désarmement dans les

« bureaux du « consulat français » ; que, par rapport aux
« Espagnols, l'assimilation est complète ; qu'elle l'est en
« vertu des règles ordinaires du droit des gens, mais qu'elle
« l'est encore formellement et explicitement en vertu des
« dispositions précitées du traité international du 18 mars
« 1862..... ; que le code de commerce espagnol porte, dans
« les articles 596 et 598, des dispositions *analogues* à celles
« du code de commerce français dans les articles 191 et
« 192 ; que, dans l'article 588 notamment, il porte que, pour
« obtenir la préférence respectivement attachée aux
« créances mentionnées dans l'article 596, les gages et
« soldes de l'équipage et du capitaine sont justifiés
« par la liquidation qui se fait sur le vu des rôles et des
« livres de compte et raison du navire, approuvés par le
« capitaine du port ; que, d'après la règle *locus regit*
« *actum*, telle est donc la forme de la justification à pro-
« duire... »

On peut voir, par ce long extrait, que le tribunal de
Marseille a considéré les rôles arrêtés par le consul étranger en France comme correspondants aux rôles arrêtés par
nos consuls à l'étranger, ce qui est, en effet, de simple bon
sens. Mais il semble qu'il a consacré par là même une
dérogation à la règle *locus regit actum*, puisque la liquidation des loyers s'était faite, en l'espèce, sur le territoire
français. Or, il n'en est rien, car il ne faut pas oublier que
l'engagement avait eu lieu à l'étranger et que le lieu de
naissance du privilège était, par suite, étranger ; c'était
donc bien d'après les formes de la loi locale que le droit
était justifié.

La décision ci-dessus est donc juridiquement irréprochable.

Il faut toutefois la rapprocher d'une autre, rendue par la même juridiction le 10 février 1882 (1) et par laquelle il a été jugé que la justification des salaires par le rôle arrêté au consulat n'était suffisante que si ce rôle faisait mention de ces salaires et que leur justification par le certificat du consul ne l'était que si ce certificat indiquait leur montant. Si la première de ces deux idées est juste, puisque le rôle est incomplet lorsqu'il est muet sur les gages des hommes du bord et que, dès lors, il manque le titre d'où peut résulter l'existence de la créance, la seconde nous semble erronée, car la loi, en exigeant que les salaires soient justifiés par les rôles d'armement, ne s'est préoccupée que de la légitimité de la créance et non de sa quotité (2). En effet, dans les engagements à la part ou au fret, de même qu'en ce qui concerne les frais de maladie ou l'indemnité pour indu congé, le montant du droit ne peut s'établir par d'autres moyens, tels que les connaissements, les factures, les états particuliers de frais. Cette catégorie de créances peut donc, même pour des engagements pris en France, se justifier, dans son *quantum*, par tous les modes du droit commun, puisque la loi n'en a imposé aucun. Par suite, nous avons deux raisons pour une de permettre à l'étranger

(1) M., 82, 2, 85.

(2) Il a été jugé cependant par la cour de Pau (20 février 1888, *Revue internat. du Droit maritime*, V. p. 346) que le privilège des gens de mer ne pouvait s'exercer que si les rôles contenaient des indications suffisantes pour faire connaître le montant des sommes dues.

d'établir la qualité de sa créance, ainsi que sa légitimité, par tous les moyens.

Un jugement du tribunal civil de Bordeaux, du 20 août 1883 (1), a également reconnu comme efficace en France le privilège réclamé par un capitaine et des matelots anglais et justifié par le certificat de leur consul, ainsi que par l'original du livre de bord fourni par l'Amirauté anglaise et visé par les autorités maritimes dans les divers ports où le navire avait touché : « Attendu, dit cette décision, que « si la loi française règle le fond du droit, il doit en être « autrement pour la justification de ce droit ; qu'on ne sau- « rait, en effet, d'après la règle *locus regit actum*, exiger, « pour les conventions intervenues hors de France entre « un capitaine anglais et son équipage, d'autres formalités « que celles qui sont prescrites par les lois et les usages « anglais ; qu'il serait contraire à la raison de demander « notamment que leurs gages et salaires fussent justifiés « par des rôles d'armement et de désarmement délivrés par « l'autorité maritime française, qui les leur aurait refusés « à raison de leur nationalité, ainsi qu'il résulte des ren- « seignements fournis au tribunal par l'administration de « la marine ; qu'en fait, dans l'espèce, en outre des certi- « ficats délivrés par le consul anglais et joints à leurs « productions, le capitaine X... et ses matelots produisent « aujourd'hui l'original même du livre de bord fourni par « l'amirauté anglaise, visé par les autorités maritimes « compétentes dans les divers ports où a atterri le navire.

(1) *Journal du Droit international privé*, 84, p. 190.

« et qu'il contient, suivant la loi de leur pays, les engage-
« ments du capitaine et des matelots et les conditions de
« ces engagements ; que c'est donc à bon droit qu'il leur a
« été accordé privilége pour leurs gages et salaires. »
Voilà certes une application catégorique de notre règle, et
une application qui en fait une règle non pas facultative,
mais absolument obligatoire, en ce sens que, non seulement elle soumet l'admission du privilége à l'observation
de la loi anglaise, qui est la loi locale, mais encore qu'elle
exclut l'observation de la loi française comme impossible
pour les étrangers. Et, de fait, on conçoit fort bien que
l'autorité française se refuse à contrôler les rôles d'armement des navires étrangers, qui peuvent être dressés
dans des conditions tout à fait différentes de celles prescrites par nos lois et réglements.

La jurisprudence belge a consacré un système mixte qui
prétend combiner l'application de la règle *locus regit actum*
avec celle de la loi du pavillon. Dans un jugement du
30 juillet 1887 (1), le tribunal civil d'Anvers s'est exprimé
ainsi : « Attendu que, d'après l'article 5 de la loi du 21 août
« 1879, les priviléges ne peuvent être exercés qu'autant
« que les créances sont justifiées dans les formes qu'il
« indique ; que, si impérative que paraisse cette disposition,
« elle n'oblige que les Belges et ne saurait en aucun cas
« prévaloir contre la maxime qu' « à l'impossible nul n'est
« tenu »; qu'ainsi, un navire ne pouvant se soustraire à la
« loi de son pavillon, on ne peut exiger d'un étranger qu'il

(1) A., 87, p. 378.

« viole la loi de son pays pour appliquer la loi belge ; que,
« de même, en cours de voyage, l'étranger, comme le
« Belge, ne peut être astreint qu'à l'accomplissement des
« formalités compatibles avec la législation et les institu-
« tions des endroits où il se trouve ; que la règle *locus*
« *regit actum*, quant à la forme, demeure toujours appli-
« cable ; que ces principes ne font que constituer une réci-
« procité utile même aux nationaux, puisqu'il leur est
« aussi impossible qu'aux étrangers en Belgique de remplir
« les formalités imposées par les lois de tous les pays où
« les hasards de la navigation peuvent les conduire et les
« amener à faire valoir leurs droits ; qu'il suit de là que,
« pour les formes, il y a lieu de se contenter des seules
« justifications possibles suivant la législation du pavillon
« avec celle du lieu où l'obligation a été contractée ». Et,
de ce point de départ, le jugement repousse le contredit
formé contre l'admission du privilège, sur ce fondement
que le rôle d'équipage a été ouvert conformément à la loi
anglaise, que les modifications survenues en cours de route
y ont été régulièrement notées et que le licenciement s'est
opéré à Anvers devant le consul d'Angleterre En un mot,
le jugement justifie sa décision par la raison que, la loi
du lieu de l'acte ayant été suivie, on ne peut rien reprocher aux demandeurs. Quel besoin avait-il donc de parler
de la loi du pavillon, puisqu'elle se confond ici avec la loi
locale, l'équipage, anglais, ayant été engagé en Angleterre
et la fin même de l'engagement ayant eu lieu au consulat,
qui est, dans un certain sens, terre anglaise? Cette espèce
est purement et simplement une application de notre règle.

Le conflit entre la loi du navire et la loi du lieu du contrat ne se comprend que si l'engagement a été passé hors du pays dont le bâtiment porte le pavillon, et nous avons vu que, dans ce cas, la loi locale doit l'emporter, car il est naturel que les marins obéissent à leur loi personnelle lorsqu'ils contractent sur le territoire de la nation à laquelle ils appartiennent.

M. Lyon-Caen, dans ses *Études de droit international privé maritime* [1], soutient également le système de la loi du pavillon, et cela au point de vue de tous les privilèges sur le navire en général : « Il nous suffira, dit-il, de combattre le principe qu'on veut faire prévaloir (*celui de la lex fori*). Avec lui, il n'y aurait pas de sécurité pour les créanciers privilégiés sur les navires. Ignorant le pays où le navire pourra être dans l'avenir saisi et vendu, ils ne pourraient jamais être certains d'avoir rempli des formalités qui seront exigées pour la justification de leurs créances privilégiées. Ainsi, la reconnaissance sur ce navire de tous les privilèges reconnus par sa loi nationale pourrait souvent devenir une lettre morte. Nous préférons encore ici nous attacher à la loi du pavillon ». Nous pouvons nous emparer des paroles mêmes de M. Lyon-Caen pour réfuter sa conclusion dans ce qu'elle a de trop absolu. Puisque le but à atteindre est de faciliter à celui qui traite avec le navire la connaissance des garanties que son engagement doit faire naître à son profit, il est évident, tout au moins en ce qui concerne le marin, que c'est l'application de sa loi person-

(1) *Journal du Droit International privé*, 82, p. 257.

nelle qui remplira le mieux ce but, et que celle de la loi du navire, lorsqu'elle lui sera étrangère, ne le remplirait qu'imparfaitement. Or, sa loi personnelle sera le plus souvent la loi locale. Si l'on veut encourager les engagements à bord des navires en cours de route, par exemple, le meilleur moyen sera d'assurer à ceux qui les prennent, par le simple accomplissement des formalités voulues par leur loi, la réalisation éventuelle de leur privilége en tous pays. L'application de la loi du navire, pouvant n'être pas connue d'eux si elle diffère de la leur, pourrait fort bien les faire tomber dans des erreurs irréparables au cas où ils ne s'y seraient qu'incomplétement conformés.

Mais on irait trop loin, selon nous, en faisant de l'observation des lois locales, qui est une pure faveur, une obligation devant tourner au préjudice de ceux qui doivent en bénéficier. Si donc un engagement était pris suivant la forme de la loi du pavillon, à supposer celle-ci distincte de la loi du contrat, il serait exorbitant de reprocher au créancier de s'être conformé à la loi suivant laquelle le capitaine lui a offert son engagement. En pareille matière, la bonne foi est la règle supérieure à laquelle, en l'absence de textes positifs, toutes les considérations doivent être subordonnées.

Au point de vue, cependant, non plus de la preuve, mais du classement des priviléges, les auteurs et la jurisprudence sont partagés exclusivement entre l'application de la *lex rei sitæ* et celle de la loi du pavillon [1]. Quoique ce

[1] Voir la note de la page 29.

côté de la question soit étranger au cadre de cette étude, il convient d'y jeter un coup d'œil pour les besoins de notre argumentation. Lorsqu'il s'agit du rang du privilège, outre que la conséquence de l'inobservation d'une loi ou d'une autre est beaucoup moins grave, puisqu'elle n'atteint que l'ordre d'après lequel le droit sera admis, et non plus son efficacité même, on conçoit fort bien que l'application de la loi locale ne puisse plus être sérieusement proposée. Car cette loi est éminemment variable, et il importe à l'ensemble des créanciers sur le navire que leurs créances, lorsqu'ils contractent, soient *hic et nunc* déterminées au point de vue des avantages qui s'y trouvent attachés. Si, par exemple, je traite avec l'armement, j'ai grand intérêt à savoir si le privilège que mon contrat me confère conservera le rang que lui attribue la loi à laquelle je me suis référé et que, si notamment, je suis, lors de ce contrat, en première ligne, aucune autre classe de créanciers ne pourra jamais venir me primer. Mais, pour cela, il faut que la loi à laquelle j'ai entendu me soumettre soit la seule qui règle dans l'avenir les privilèges qui pourront naître. Et il est tout naturel que cette loi soit celle du navire, objet du droit et objet invariable. Quant à la *lex rei sitæ*, c'est-à-dire à la loi du lieu où se trouve le navire lors de la procédure d'exécution, nous ne la concevons pas plus que la loi locale, puisqu'elle est non moins sujette à variation que cette dernière et que son application aurait pour effet de créer une insécurité non moins grande.

Lorsqu'il s'agit, au contraire, de la justification du privilège, les créanciers, lorsqu'ils traitent, sachant fort bien que des droits nés à l'étranger peuvent surgir postérieurement à ceux qu'ils ont acquis, ne peuvent avoir à souffrir d'être un jour en concours avec des créanciers dont ils ont pu prévoir éventuellement le rang ou d'être primés par eux. Que ces nouveaux privilèges se soient produits à l'étranger ou dans le pays même, ils ne peuvent se plaindre, puisque cette éventualité rentrait dans les prévisions de leur contrat. L'intérêt serait même nul pour les créanciers chirographaires, auxquels l'admission à titre de privilège d'une créance née à l'étranger ne peut causer un préjudice plus grand que celle d'une créance née dans le pays. Cette catégorie de créanciers, étant données les conditions dans lesquelles elle a traité, est, d'ailleurs, soumise à toutes les modifications que peut subir, en quelque lieu que ce soit, le patrimoine du débiteur, sauf la mauvaise foi dont peuvent être infectés les contrats par lui passés, conformément au droit commun.

Le 5° de l'article 192 est ainsi conçu : « Les sommes prêtées et la valeur des marchandises vendues pour les besoins du navire pendant le dernier voyage, par des états arrêtés par le capitaine, appuyés de procès-verbaux signés par le capitaine et les principaux de l'équipage, constatant la nécessité des emprunts ». Quoique ce paragraphe ne vise plus que les prêts consentis en cours de route, les prêts antérieurs au départ n'emportant plus privilège depuis l'abrogation, par l'article 27 de la loi du 10 décembre 1874 et l'article 39 de la loi du 10 juillet 1885, du 9° de l'article 191 et du 7° de l'article 192, il ne sera pas sans intérêt, dans cette étude, d'examiner certaines espèces où le conflit s'est élevé à l'occasion d'emprunts à la grosse effectués avant le voyage. En le faisant, nous commenterons du même coup le paragraphe 7 de notre article.

De plus, le paragraphe 5 qui nous occupe doit être combiné avec les articles 234 et 312 du même code, dont le premier porte : « Si, pendant le cours du voyage, il y a nécessité de radoub ou d'achat de victuailles, le capitaine, après l'avoir constaté par un procès-verbal signé des principaux de l'équipage, pourra, en se faisant autoriser en France par le tribunal de commerce ou, à défaut, par le juge de paix chez l'étranger, par le consul français ou, à défaut, par le magistrat des lieux, emprunter sur le corps et quille du vaisseau, mettre en gage ou vendre les marchandises jusqu'à concurrence de la somme que les besoins constatés exigent », et le second : « Tout prêteur à la grosse, en France, est tenu de faire enregistrer son contrat au greffe du tribunal de commerce, dans les dix jours de sa date, à peine de perdre son privilège ; — et, si le contrat est fait à l'étranger, il est soumis aux formalités prescrites par l'article 234 ». C'est surtout sur l'application de ces deux derniers textes que la jurisprudence s'est prononcée. La doctrine, elle aussi, les a discutées et ne leur a pas épargné ses critiques. Nous examinerons et la jurisprudence et la doctrine en envisageant successivement les deux grandes hypothèses où la règle *locus regit actum* peut être en jeu, d'abord celle où le prêt est contracté par des Français à l'étranger, ensuite celle où il est contracté par des étrangers et en France, et, dans ce dernier cas, invoqué en France.

Mais, auparavant, il convient de remarquer ce que les

articles 234 et 312 ajoutent à l'article 192 en prévoyant le
cas où le contrat est passé à l'étranger. Pour la première
fois, cette situation se trouve régie par le législateur, et
c'est pourquoi il est impossible, en étudiant le conflit des
lois, de séparer le commentaire de ces deux dispositions du
commentaire de l'autre.

D'autre part, puisqu'ici la loi parle, il semble que la
discussion n'aura plus que fort peu de champ, car il suffira
d'appliquer le texte avec intelligence. Mais il n'en est rien,
les textes n'ayant fait que compliquer la difficulté au lieu de
la résoudre.

L'article 192, § 5, en effet, qui subordonne la validité de
l'emprunt à la rédaction par le capitaine d'états appuyés de
procès-verbaux signés par lui et par les principaux de
l'équipage, ne dispose qu'en général, sans prévoir le cas
où l'acte aurait lieu hors de France ou entre parties qui ne
seraient pas françaises. Et l'article 234, qui reproduit, pour
la validité de l'emprunt, la prescription du précédent,
ordonne une formalité qui fait double emploi avec celle-ci
en exigeant, en outre, un jugement d'autorisation du tribunal de commerce, car on conçoit mal que la formalité
du procès-verbal, prescrite par l'article 192 comme une
condition de l'exercice du privilège, ne soit pas suffisamment suppléée par la permission de la justice et que, lorsque celle-ci a donné son assentiment au prêt, le défaut de
rédaction du procès-verbal puisse entraîner la caducité du
privilège (1).

(1) Voir sur cette question : DE COURCY, *Questions de Droit maritime*,
I, p. 44 et suiv.

En l'état de ces articles, quel choix faut-il faire entre les législations lorsqu'il peut y avoir conflit entre elles ?

L'article 192, étant muet sur le prêt consenti à l'étranger ou par des étrangers, pourra être, suivant notre méthode, restreint dans ses applications aux contrats de grosse intervenus en France et à l'étranger entre Français. Du moment que l'acte aura eu lieu hors de France et entre parties dont l'une au moins est étrangère, nous serons autorisés à en repousser l'application.

L'article 234, qui exige en France l'autorisation du tribunal de commerce ou du juge de paix, ne pourra de même être opposé qu'à un capitaine ayant emprunté en France. De plus, comme il n'ordonne qu'au capitaine, on ne pourra s'en prévaloir contre un prêteur même français et ayant prêté en France, et il n'aura, en ce cas, d'autre effet que de rendre le capitaine responsable par le recours de l'armateur. Quant à l'autorisation du consul ou à celle du magistrat des lieux, prescrite pour les contrats à l'étranger, nous ne l'appliquerons qu'à ceux passés entre parties françaises ; mais entre ces parties, la formalité sera nécessaire, non seulement au point de vue de la sécurité du capitaine, mais encore au point de vue du privilège du prêteur, car le renvoi de l'article 312 *in fine* prouve indubitablement que la perte du privilège serait la conséquence de son inobservation ; la formalité ne cessera d'être nécessaire qu'au point de vue du droit personnel du prêteur contre l'armateur.

Dans l'hypothèse où le contrat sera passé à l'étranger par un capitaine français avec un prêteur étranger, la loi française ne sera applicable qu'au capitaine, c'est-à-dire à sa responsabilité définitive vis-à-vis de l'armateur, car l'article 234 ne commande qu'au capitaine, non au prêteur. Les droits de celui-ci ne peuvent donc dépendre de son accomplissement ou de son inobservation.

Enfin, l'article 312, qui prescrit l'enregistrement du contrat au greffe du tribunal de commerce dans les dix jours de sa date, s'appliquera aux prêts à la grosse consentis en France entre Français et *entre étrangers*. Et il y a, pour le décider ainsi, trois raisons pour une. Premièrement, la disposition est formelle : « Tout prêteur en France... ». Secondement, la matière est d'ordre public international, car il s'agit d'une mesure de publicité. Troisièmement et surtout, la règle *locus regit actum* elle-même le commande.

Cette triple interprétation, qui garde aux textes le respect qui leur est dû, nous paraît la plus juridiquement, en même temps que la plus équitablement vraie. Comme l'observe très justement M. de Courcy, le fondement du privilège est ici le caractère conservatoire du prêt ; c'est là son essence propre ; la seule justification que l'opération a eu ce caractère et qu'elle a été faite de bonne foi eût donc dû suffire au législateur, qui s'en est contenté lorsqu'il a écrit l'article 2102 du Code civil. Cela est si vrai qu'en ce qui concerne les frais ou indemnités de sauvetage, ainsi que les frais de remorquage, le Code de commerce n'a prescrit aucun formalisme, et pourtant, malgré ce silence, on n'a jamais songé à contester le privilège résultant de ces actes et invoqué sans justifications spéciales, précisément parce que ce sont des actes éminemment conservatoires. Aussi M. de Courcy en arrive-t-il à conclure : « A la lumière de ce principe, on aperçoit que l'autorisation d'un tribunal ou d'un consul compétent n'est pas elle-même une formalité indispensable pour assurer le privilège du prêteur à la grosse, s'il est établi par ailleurs que l'opéraration a été honnête et la mesure conservatoire. L'autorisation est infiniment précieuse, elle est la meilleure sauvegarde de la responsabilité du capitaine et le législateur a eu raison de la recommander. Elle n'est pas essentielle au privilège dont l'essence est dans le caractère conservatoire du prêt » (1). Et plus loin : « Le droit, quel que soit, le formalisme, c'est que les frais conservatoires sont privilégiés sur la chose ».

L'auteur est dans la vérité, mais dans la vérité abstraite, au moins en ce qui concerne les prêts faits en France. Certes la loi est critiquable et à refaire ; mais force nous est de la subir dans la limite où elle échappe à l'interprétation. Nous adoptons les conclusions de M. de Courcy, mais seulement en ce qui a trait aux contrats passés à l'étranger ou en France entre parties dont l'une au moins est étrangère.

Que si nous nous plaçons au point de vue de la pure critique, nous ne saurions assez nous insurger, à notre tour, contre les conséquences qui découlent ou qui peuvent être tirées des articles 192, § 5, 234 et 312, 2°. La formalité du procès-verbal ne peut, en effet, présenter les avantages que le législateur a eus en vue lorsqu'il l'a prescrite. On com-

(1) *Loco citato*, p. 62.

prendrait qu'il ait tenu, en accumulant les difficultés, à
mettre le capitaine, exposé aux besoins de la navigation, en
garde contre lui-même lorsqu'il est tenté de recourir à un
emprunt onéreux, et qu'il ait, par suite, pris des mesures
auxquelles il ait subordonné la validité de l'acte dans les
rapports du capitaine et de l'armateur. Mais, qu'il ait fait
de ces mesures une condition *sine quâ non* de l'exercice
des droits du prêteur, voilà ce qui ne s'explique plus. Quelle
garantie le procès-verbal procurera-t-il aux tiers créanciers?
Empêchera-t-il la collusion? Assurément non, car le capitaine pourra fort bien ne toucher aucuns fonds et signer un
billet de complaisance, la remise des espèces n'étant pas
soumise au contrôle des officiers du bord. De plus, à supposer qu'il les ait effectivement touchées, qui l'empêcherait
de les ristourner au bailleur des deniers?

On peut en dire autant de l'autorisation du juge, qui
n'aura nullement pour effet de déjouer le dol et d'empêcher
l'accord frauduleux de l'emprunteur et du prêteur. Tout au
plus pourrait-on voir une garantie dans l'obligation où
l'on mettrait les parties de réaliser le contrat en faisant
passer l'argent par les mains du consul ou du magistrat,
ce qui paraît peu pratique.

Par conséquent, la loi, telle qu'elle est, serait à refaire.
Et l'on voudrait l'appliquer même en dehors de ses termes
et y soumettre les étrangers! Autant supprimer le contrat
à la grosse, qui est un acte international s'il en est et dans
lequel les parties, si elles étaient perpétuellement entravées
par des formalités qu'il leur serait le plus souvent impossible de connaître, ne se risqueraient jamais. Aussi sous-

crirons-nous, bien qu'avec certaines réserves, à cette déclaration de M. de Courcy : « Les formalismes, très variables selon les législations diverses, selon les usages commerciaux et selon les circonstances des lieux où se fait le prêt, ne sont que des présomptions, des moyens de constatation de la qualité de la créance et de son caractère conservatoire. Il peut être suppléé à ces présomptions par d'autres, à ces moyens de constatation par d'autres moyens ». Cela est d'une vérité théorique incontestable. Seulement, comme nous l'avons déjà dit, la vérité doit céder devant la loi, lorsque celle-ci la méconnaît en termes exprès.

Quant à savoir, au point de vue de l'application des articles qui nous occupent, ce qu'il faut entendre par *prêt passé à l'étranger* et *prêt passé en France*, il peut y avoir lieu à quelques doutes. La question s'est notamment posée pour l'application de l'article 312, en l'espèce d'un contrat à la grosse intervenu entre un prêteur français et le capitaine d'un navire espagnol, en France, mais devant le consul d'Espagne et sans l'accomplissement de la formalité du dépôt en greffe. Le tribunal de commerce de Marseille (1) avait validé ce prêt en considérant le consulat comme terre espagnole et fait, grâce à cette fiction peu juridique, une fausse application de la règle *locus regit actum* et méconnu la portée absolue des termes de l'article 312. Cette validation était ainsi motivée : « Attendu « que l'emprunt n'a pas été contracté sous l'empire de la « loi française; qu'il l'a été par un capitaine espagnol et

(1) Du 30 avril 1858, *D. P.*, 60, 1, p. 228.

« conformément aux prescriptions de la loi espagnole
« relativement aux navires d'Espagne qui se trouvent en
« pays étranger ; que, d'après les législations des peuples
« commerçants, un capitaine hors de son pays doit
« emprunter à la grosse dans des formes spéciales qui lui
« sont prescrites par les lois de sa nation ; que le prêteur,
« qui acquiert par le prêt à la grosse un droit plus réel
« que personnel, fait un acte régulier en contractant
« devant le magistrat et dans les formes qui doivent lui
« assurer le privilège qu'il a en vue d'exercer sur le navire
« qui devient son gage et qui est censé devoir retourner
« dans les ports de la nation à laquelle il appartient ; que,
« le billet de grosse souscrit dans l'espèce l'ayant été dans
« les formes de la loi espagnole, il n'y avait pas lieu de
« suivre ensuite les formes d'une législation différente et
« de déposer, par suite, le titre au greffe du tribunal de
« commerce de Marseille ». Tout est vrai dans ces considérants, sauf le point de départ. La règle *locus regit actum*
exigeait, dans cette hypothèse, l'application de la loi française, car l'article 312, en disant : « Tout prêteur à la
grosse en France... », puis : « si le contrat est fait à
l'étranger... », marque suffisamment, par la généralité de
ces expressions, que le législateur a eu simplement en vue,
d'une part, l'hypothèse où le prêt a lieu *réellement* hors
de France et, d'autre part, celle où il a lieu *réellement*
hors de France, et qu'il n'a nullement prévu le cas où il
aurait lieu devant le consul. Ce cas doit donc être régi par
l'application des principes. Or, nous sommes ici en présence d'une formalité ayant, en quelque sorte, un caractère

d'ordre public international, car l'enregistrement est une mesure de publicité dans l'intérêt des tiers et les mesures de ce genre relèvent, de l'avis de la grande majorité des auteurs (1), de la loi de la situation des biens, en l'espèce du navire. De plus, il n'y avait ici aucun abus à exiger du prêteur, qui était Français et dans son pays, l'emploi des formes prescrites par sa loi personnelle pour la conservation de son droit, et il serait aussi peu naturel que possible de supposer que ce prêteur s'était cru transporté en Espagne en franchissant le seuil du consulat espagnol. Pour les tiers, de même, l'acte avait été passé en France, et tout ce que l'on pourrait concéder, à la grande rigueur, c'est que le défaut d'enregistrement ne devrait pas être opposable par les tiers habitant l'étranger auxquels il serait prouvé qu'il n'a pu porter aucun préjudice. Mais il faut éviter de diviser ainsi les effets d'une mesure égale et, d'ailleurs, pratiquement, la preuve ci-dessus serait la plupart du temps ou dangereuse ou impossible. Aussi ferons-nous nôtres les considérants par lesquels la Cour suprême a cassé le jugement dont s'agit : « Attendu que le prêt tom-
« bait sous la première disposition de l'article 312 précité ;
« que la circonstance, que l'acte a été passé devant le
« consul d'Espagne à Marseille, ne peut le faire considérer
« comme un contrat fait à l'étranger dans le sens de la
« seconde disposition du même article ; que si, vis-à-vis de
« l'emprunteur, il a suffi des formalités exigées par la loi

(1) AUBRY et RAU, I, p. 101 ; WEISS, p. 788 ; ESPAGNET, p. 584 ; MILHAUD, p. 71 ; FIORE, p. 880 ; LAURENT, *Droit civ. international*, VII, p. 463 et 495.

« espagnole, les prêteurs à la grosse, en France, n'ont
« pu se dispenser, pour conserver leur privilège à l'égard
« des tiers, de remplir la formalité spéciale prescrite par
« la loi française » (1).

Quant à savoir si les colonies françaises doivent être
considérées, au point de vue qui nous occupe, comme
terre française ou étrangère, le doute est grand. Nous
les considérerons pourtant comme terre étrangère, car les
lois françaises ne sont pas applicables de plein droit au
territoire colonial (2).

A l'égard des contrats de grosse passés à l'étranger, la
seule disposition applicable, ainsi que nous l'avons vu,
c'est la seconde partie de l'article 234, complétée et éclairée
par le deuxième alinéa de l'article 312 (3).

A ceux passés entre parties également françaises la
règle *locus regit actum* sera incontestablement inapplicable, car il est impossible de donner aux textes ci-dessus
une portée moindre. Elle leur sera inapplicable tant au
point de vue du privilège du prêteur qu'au point de vue
des droits du capitaine, car, si l'article 234 ne dispose que
pour celui-ci, l'article 312 dispose visiblement pour
celui-là.

(1) Du 26 mars 1860, DALLOZ, 60, 1, p. 228.
(2) Voir *contrà* : VALROGER, III, n° 1049. — Sur le caractère du consulat
au même point de vue, rapprocher : Bruxelles, 28 mars 1885, *Revue intern.
du Droit marit.*, I, p. 393.
(3) Un jugement du tribunal civil du Havre, du 16 mai 1873 (*M.*, 74, 2, 185),
a cependant exigé, comme condition du privilège pouvant résulter d'un prêt
fait à l'étranger, la délibération de l'équipage, ordonnée par la première
partie de l'article 234.

Il n'est qu'un point de vue auquel l'article 234 ne régira pas ces contrats : nous voulons parler du droit *personnel* du prêteur de bonne foi à l'encontre de l'armateur. La cour de cassation l'a ainsi jugé dans quatre arrêts fortement motivés et sans distinguer suivant le lieu de l'acte ni la nationalité des parties (1). A cet égard donc, la règle *locus regit actum* reprendra son empire, et le prêteur français qui aura fait des avances à un navire français à l'étranger aura suffisamment garanti son droit de créance chirographaire contre l'armateur en réalisant le prêt suivant les usages des lieux et de bonne foi, car la mauvaise foi rend tous les droits contestables (2).

Un jugement du tribunal de commerce de Dieppe, de juin 1818, avait reconnu le droit de créance d'un prêteur de bonne foi, de nationalité portugaise, qui avait avancé des fonds, en Portugal, au capitaine d'un navire français, sans que la prescription de notre article 234 eût été accomplie. La décision réservait *in fine* le recours de l'armateur contre le capitaine pour inobservation des formalités légales. Le 28 novembre 1818, la cour de Rouen, infirmant cette décision, annulait le prêt tant au regard du prêteur qu'à celui de l'armateur. Le 28 novembre 1821, la cour de cassation (arrêt précité) revenait à la jurisprudence du tribunal

(1) Des 28 novembre 1821, 6 janvier 1841, 9 juillet 1845, 4 décembre 1866 ; DALLOZ, *J. G.*, v° *Droit maritime*, n° 142 ; *Périodique*, 45, 1, 318 ; 67, 1, 161.

(2) Rapprocher : Marseille, 13 décembre 1842, *M.*, 43, 1, 24 ; Gênes, 23 mai 1892, *Revue intern. du Droit marit.*, IX, p. 73. — Voir la solution contraire dans le cas d'un emprunt contracté en France et entre Français : Amiens, 30 août 1836, *M.*, 36-37, 2, 65 ; Rennes, 18 août 1859, *ibid.*, 69, 2, 108.

de Dieppe par les motifs que voici : « Attendu que les
« formalités portées par l'article 234 du Code de commerce
« ne regardent que le capitaine respectivement au proprié-
« taire ; que ces formalités n'ont eu d'autre objet que de
« mettre le capitaine à portée de justifier de la nécessité
« de l'emprunt et d'éviter tout recours de la part du pro-
« priétaire ; qu'elles ne concernent pas le prêteur qui a
« contracté de bonne foi et sans fraude avec le capitaine
« pendant le cours du voyage ; que c'est ainsi qu'avait
« toujours été exécuté l'article 19 du titre *du Capitaine* de
« l'ordonnance de 1681, lequel exigeait aussi des forma-
« lités de la part du capitaine qui voulait emprunter à la
« grosse ; que le véritable sens de l'article 234 résulte égale-
« ment de l'article 236, qui veut que le capitaine, qui aura,
« sans nécessité, pris de l'argent sur la quille du navire,
« soit responsable envers l'armement et personnellement
« tenu du remboursement, ce qui prouve que le propriétaire
« est fondé à recourir sur le capitaine, mais qu'il est obligé de
« désintéresser le tiers envers lequel il demeure tenu par le
« fait de son capitaine, qui était son mandataire légal ; que
« l'article 362 contient une nouvelle preuve que les forma-
« lités de l'article 234 ne sont pas obligatoires pour le
« prêteur vis-à-vis du propriétaire, puisque ce n'est que
« pour conserver son privilège à l'égard du propriétaire
« que le prêteur est obligé de veiller à ce que les formalités
« soient remplies par le capitaine ». Ce n'est pas des raisons tirées par la Cour suprême des précédents histori-
ques (1) et des articles 236 et 312, ni même de l'article 234.

(1) Voir conf. : EMÉRIGON et VALIN sur l'article 19 du titre *du Capitaine*

qu'elle eût dû faire découler cette solution, qui est applicable dans tous les cas, en tous lieux, entre toutes parties. Elle est imposée avant tout par la règle *locus regit actum*, et c'est ce que la décision ci-dessus ne fait pas suffisamment ressortir. Car elle se borne à établir qu'en France la loi ne soumet à aucune condition la créance du prêteur ; mais elle ne dit pas, comme il l'eût fallu, que la loi française n'avait rien à voir en l'espèce, l'acte ayant eu lieu en Portugal et le prêteur étant étranger ; que, par suite, le contrat devait être régi par la loi portugaise et que, celle-ci n'exigeant, ainsi que la loi française, aucune règle de forme pour la preuve de la créance, il suffisait au prêteur d'établir sa bonne foi pour être admis à faire valoir son droit personnel ; de telle sorte que, si la loi portugaise eût exigé certaines formes, le créancier eût dû, au contraire, être débouté de sa demande. Voilà pourtant, selon nous, comment l'arrêt devait être conçu pour être correct ; tel qu'il est, il a plutôt l'air d'écarter la règle *locus regit actum*, puisqu'il apprécie le prêt d'après la loi du lieu d'exécution. Mais il n'était pas moins intéressant de le rapporter, pour montrer que si, dans cette hypothèse, la jurisprudence n'a pas su dégager la règle, elle en a consacré, comme sans s'en douter, les conséquences.

Analogue, bien qu'un peu plus complexe, est l'espèce résolue par la cour de cassation le 9 juillet 1845 (1), sur pourvoi contre un arrêt de Rouen du 21 août 1841, con-

dans l'ordonnance de 1681 ; *contrà :* BOULAY-PATY, III, p. 24, et DAGEVILLE, II, p. 223.

(1) *D. P.*, 45, 1, 313.

firmant un jugement du Havre du 10 avril 1841 (1). Il s'agissait d'un emprunt consenti en Angleterre par un prêteur français à un capitaine portugais, qui aurait enfreint l'article 34, 2°, du paragraphe V du Code de commerce portugais, en prenant à la grosse sur la cargaison, sans demander d'ordres aux réclamateurs, alors que la distance qui le séparait de ces derniers le lui eût permis, et sans faire dresser de procès-verbal par les principaux de l'équipage. Cette espèce diffère de la précédente en ce qu'il ne s'agit plus seulement des droits personnels du prêteur contre l'armateur, mais encore de son droit réel (abstraction faite des droits de suite et de préférence attachés au privilège) sur le chargement affecté au prêt. A ce dernier point de vue, il faut décider, conformément à notre règle d'interprétation, que ce droit réel n'est nullement régi par notre article 234, qui ne parle positivement que de l'emprunt sur le corps et la quille du bâtiment (2). Et comme, d'autre part, la loi portugaise n'exige rien du prêteur, c'est d'après la loi du lieu seulement que la validité de l'acte devait être appréciée au point de vue des droits du prêteur contre l'armateur et les chargeurs. C'est bien ce qu'a décidé la Cour suprême; mais elle a, ici encore, oublié de donner le principal motif qui devait inspirer sa décision : c'est que l'article 234 n'étant pas applicable, même entre Français, au droit personnel du créancier et à son droit contre les chargeurs, et, d'un autre côté, la loi

(1) DALLOZ, J. G., v° *Droit maritime*, n° 443.
(2) Voir DESJARDINS, V, n° 1140; Marseille, 10 février 1877, *M.*, 77, 1. 131 ; *contrà :* Toulon, 1ᵉʳ mars 1834, *M.*, 86-87, 1, 283.

portugaise n'imposant aucune obligation de forme à ce créancier, la loi du lieu devenait la seule loi applicable, en droit comme en équité.

Mais cette solution n'est plus admissible lorsqu'on se place au point de vue, soit du privilège du prêteur, soit de la validité de l'emprunt dans les rapports du capitaine et de son mandant, lors du moins qu'ils sont Français l'un et l'autre. Tout ce que l'on pourrait accorder ici, c'est que les termes de l'article 234 ne sont pas tellement impératifs et inexorables que l'observation des formalités prescrites par la loi étrangère ne puisse suffire à sauvegarder le privilège et à garantir le capitaine, lorsque ces formalités présentent un caractère de sécurité *erga omnes* au moins supérieur à celui des prescriptions de notre Code. Ainsi, le code espagnol (art. 598) dispose que les dettes contractées pour les besoins du navire seront « déterminées par le tribunal de commerce sur le vu des preuves produites par le capitaine pour en établir la nécessité ». Il est évident que des Français qui, contractant un acte de grosse en Espagne, se feraient autoriser dans ces conditions, pourraient invoquer en France les droits qui découlent de cet acte, à quelque point de vue que ce fût. Mais cette restriction nous paraît être la seule à laquelle on puisse soumettre l'application de l'article 234 aux contrats passés à l'étranger entre Français. Par exemple, le code égyptien ne prescrivant que la formalité de notre article 192, à savoir le procès-verbal (1), la rédaction de ce document ne pourra suppléer l'autorisa-

(1) Article 36, § 5.

tion du magistrat. On ne pourrait pas davantage accepter comme assez justificatifs « tous actes établissant la nécessité des dépenses, » suivant la formule du code italien (1). Enfin, on ne saurait se contenter des « preuves présentées par le capitaine pour établir la nécessité des dettes contractées », conformément à l'expression vague et générale du code espagnol (2).

Ces conséquences de la rigueur des textes sont assurément critiquables. La réciprocité internationale autorise les autres États à user de représailles à notre endroit en obligeant les nationaux à se conformer en France à leurs propres lois. Il est certain qu'il ne peut guère y avoir d'inconvénients à cela tant que la mesure se restreindrait aux contrats passés entre étrangers. Mais, même dans cette limite, outre la difficulté matérielle qu'il peut y avoir à trouver un consul ou un magistrat pour autoriser le prêt, cela est de nature à créer une situation de méfiance internationale qui ne mérite aucun encouragement.

Il nous faut examiner maintenant l'hypothèse où le prêt est consenti à l'étranger entre parties dont l'une au moins est étrangère. La loi étant muette à cet égard, nous ne saurions faire autrement que d'interpréter son silence dans le sens le plus favorable à la règle *locus regit actum*. Nous dirons donc que, dans cette hypothèse, la loi française n'étant plus expressément applicable, l'emprunt

(1) Art. 286, § 6.
(2) Art. 598.

contracté sera valable en France à tous les points de vue,
à la seule condition qu'il ait été fait en respect des lois
locales.

Le premier état de la jurisprudence est cependant contraire à cette solution, et nous verrons qu'il ne s'est modifié
que peu à peu. On peut en trouver une raison dans cette
idée que la conception ancienne du prêt à la grosse diffère
de celle qu'on tend de plus en plus à s'en faire. Et c'est,
du reste, cette conception qui a présidé à la rédaction des
textes du Code de commerce relatifs à ce contrat. On se le
représentait comme tellement exorbitant des conditions du
prêt ordinaire qu'on ne savait quel formalisme inventer
pour le rendre aussi impraticable que possible. D'une part,
la charge qu'il entraîne pour l'armement, et, de l'autre, le
risque couru par le bailleur de fonds paraissaient trop
onéreux pour qu'il ne fût pas nécessaire d'en restreindre
l'usage à des cas tout à fait exceptionnels. Aujourd'hui, où,
grâce aux plus grandes rapidités de communication, le
capitaine peut prendre assez vite contact avec l'armateur, le
prêt à la grosse est devenu de plus en plus rare et, lorsqu'il
se produit, c'est, la plupart du temps, par suite d'une nécessité non douteuse. Il est donc utile de le faciliter en pareil
cas. D'autre part, le développement des assurances maritimes a eu pour effet d'introduire dans la pratique l'usage
de faire assurer le risque du prêteur, qui, dès lors, ne
court plus aucun danger.

Quelle que soit la valeur de ces considérations, il est
certain que les choses, à ce point de vue, ne sont plus, en

général tout au moins, appréciées de la même façon qu'autrefois. Le 12 juillet 1862, un jugement du tribunal civil de Toulon, confirmé par arrêt d'Aix du 10 janvier 1863 (1), refusait de reconnaître le privilège d'un porteur de billet de grosse, cessionnaire d'un prêteur étranger qui avait avancé à Malte des fonds au capitaine d'un navire moldave, sans s'assurer de la rédaction du procès-verbal : « Attendu, « disait-il, que, sans doute, il y a lieu d'admettre que la « validité du contrat à la grosse n'est pas subordonnée à « l'accomplissement des formalités prescrites par l'article « 234 du Code de commerce; que ces formalités sont « principalement prescrites pour mettre la responsabilité « du capitaine à l'abri d'un recours de la part des arma- « teurs ou propriétaires du navire; que leur inaccomplis- « sement ne saurait paralyser l'exercice du droit du prêteur « de bonne foi contre les propriétaires du navire et les « armateurs; mais que, considéré au point de vue du rang « de la créance du prêteur à la grosse par rapport aux « autres créanciers, *ou soit pour la constitution du pri-* « *vilège,* l'accomplissement de ces formalités est indispen- « sable suivant la disposition des articles 312 et 192 du « Code de commerce ».

Le 7 mars 1865 (2), le tribunal civil de Marseille repoussait de même la demande en collocation privilégiée de la créance d'un négociant grec qui avait prêté en Italie à un capitaine français, et qui n'avait d'autre titre de sa créance qu'un rapport de mer de ce capitaine, affirmé par l'équi-

(1) *M.,* 64, 1, 328.
(2) *M.,* 65, 2, 49.

page : « Attendu, disait le jugement, que, si on peut rigou-
« reusement se dispenser de rapporter le procès-verbal, il
« faut alors qu'un autre acte authentique officiel en établisse
« l'existence » (1).

Le 3 mars 1870, un jugement du même siège, confirmé
par arrêt d'Aix que nous avons déjà rapporté à l'occasion du
privilège des gens de mer (2), a également repoussé l'application de la loi locale à un contrat de grosse consenti
en Italie au capitaine d'un navire autrichien par un prêteur italien, toujours à cause du défaut de procès-verbal.
On invoquait, en faveur du privilège, l'extranéité du capitaine, sa bonne foi et surtout l'empire de la législation du
lieu sur tout ce qui touche à la forme. Mais le tribunal
répondait : « Attendu, il est vrai, que le porteur du con-
« trat de prêt soutient que l'emprunt a été contracté à
« l'étranger par un capitaine étranger ignorant la prescrip-
« tion de la loi française, et que, dès lors, la bonne foi qui
« a présidé à la réalisation du contrat doit servir de sauve-
« garde à ses intérêts ; mais *qu'en matière de privilèges,*
« *tout est de droit étroit, et qu'on ne saurait, par des*
« *raisons puisées dans le domaine du sentiment et de*

(1) Cependant, en matière d'avarie commune, et notamment de jet à la
mer, il a été jugé que le rapport du capitaine, à défaut de délibération de
l'équipage, suffit à établir le caractère du sacrifice accompli et à autoriser
son classement en avarie grosse (Cass., 12 juin 1894; *Revue internationale du
Droit maritime,* X, p. 147, et la note). Il y a là un rapprochement qui s'impose
et dont les conséquences sont très importantes, car l'article 410 n'est pas
moins catégorique que les articles qui nous occupent et pourtant la jurisprudence n'a pas hésité à l'interpréter dans un sens qui va jusqu'à friser la
violation de la loi.

(2) Voir *supra,* p. 41.

« *l'équité, faire fléchir les termes impératifs de la loi*; que
« le sieur X... ne peut réclamer un privilège qui lui est
« accordé par la loi française, s'il ne justifie de l'accomplisse-
« ment des formalités qui sont exigées par cette même loi ».
Et la même juridiction se prononçait dans le même sens
le 14 juillet 1874 (1).

Voilà, pour la France, la première phase de la jurisprudence sur les conflits de lois relatifs à la forme en matière
de prêts à la grosse. Le tribunal de commerce de Marseille
a inauguré la seconde sur une demande en collocation privilégiée, formée à l'encontre des consignataires de la cargaison, par un négociant anglais qui avait fourni des fonds,
en Angleterre, au capitaine d'un navire grec. Et il a nettement posé le principe en disant : « Attendu que l'emprunt
« à la grosse, contracté par un capitaine grec dans un
« port anglais, a eu lieu dans les formes usitées dans ce
« pays... » (2). La raison juridique de la validité du prêt est
enfin donnée. L'acte a eu lieu à l'étranger, et, comme les
parties étaient étrangères, il n'y avait plus de motif pour
leur appliquer la loi française, qui ne dispose qu'en général,
et, par suite, la règle *locus regit actum*, souveraine en
l'absence de textes prohibitifs ou contraires, reprend son
empire (3). Suivant la même voie, le tribunal de commerce

(1) *H.*, 75, 2, 106.
(2) Voir : DE COURCY, *Questions de Droit Maritime*, I, p. 122.
(3) La cour d'Aix, dans un arrêt du 3 janvier 1878 (*M.*, 78.1. 46), a décidé
que le contrat de grosse passé à l'étranger par un capitaine étranger était
valable à défaut de procès-verbal et que cette pièce pouvait être suppléée
par des équivalents, notamment par un rapport de mer appuyé par la déclaration de quelques membres de l'équipage. Nous ne mentionnons cette déci-

du Havre jugeait, le 29 mars 1883 (1), que l'emprunt à la grosse, contracté dans un port étranger et par un navire étranger, emporte privilège du moment où il a été passé en conformité des règles et formalités admises en droit maritime, c'est-à-dire devant le consul de la nation à laquelle appartient le capitaine ou toute autre autorité compétente, et après délibération des principaux de l'équipage. Cette décision était rendue dans une hypothèse où la loi du pavillon (la loi grecque) exigeait, en outre de ces formalités, l'inscription de l'emprunt sur le livret du navire. Elle est donc un témoignage de la préférence que la loi locale mérite sur la loi du pavillon, car elle paraît supposer, ce qui n'est que fort relativement exact, que toutes les législations exigent le procès-verbal et l'intervention du consul.

Enfin, le même tribunal, dans un assez récent jugement (2), a catégoriquement déclaré que l'emprunt à la grosse, contracté à l'étranger dans des circonstances d'absolue nécessité, avec la seule autorisation du consul et par voie d'adjudication, était valable à tous les points de vue, même entre parties françaises. Bien que cette solution puisse paraître contestable aux stricts observateurs de la loi, il faut reconnaître qu'elle se présente dans des conditions telles qu'il y a de puissants motifs d'équité et de bon

sion que pour mémoire, car elle suppose ce qui n'est nullement en question : la nécessité ou l'inutilité du procès-verbal. L'article 234 est conçu de telle façon qu'il ne peut s'agir de cette formalité lorsqu'on se trouve à l'étranger. L'ancienne jurisprudence, que nous avons rapportée plus haut en note, a seule vu là une difficulté.

(1) *H.*, 83, 1, 128.

(2) Du 28 février 1887 ; *Revue internat. du Droit marit.*, II, p. 687.

sens pour l'admettre sans scrupules. On se trouve ici dans
un de ces cas où la justice hésite à suivre la loi qu'elle
désapprouve et où le juge ne peut que chercher dans la
pensée du législateur l'intention qui lui a dicté la loi et
doit, pour ainsi dire, le consulter sur ce qu'il eût résolu étant
juge lui-même. Au fond, ce que veut le Code, c'est que la
nécessité de l'emprunt soit bien et dûment établie. Qu'importe qu'elle le soit d'une façon ou d'une autre ? Et pourquoi exiger, à peine de nullité, là où existe la double
garantie de l'intervention consulaire et de l'adjudication, que
le capitaine ait, en outre, réuni les principaux de son bord
et se soit adressé à la justice pour légaliser son emprunt ?

La jurisprudence italienne s'est montrée tout aussi libérale que la nôtre dans ces dernières années. La cour de
cassation de Naples a jugé, le 1ᵉʳ mars 1883, sur le texte
du code de commerce italien de 1863 (art. 331), qui soumet
l'emprunt à la grosse à de certaines formes, qu'en raison
des dispositions préliminaires du code civil (art. 9), l'emprunt contracté à l'étranger par le capitaine italien d'un
navire de même nationalité était valable et obligeait les
propriétaires, si les conditions requises par la loi du lieu
où le contrat avait été passé avaient été observées, quand
même on ne se serait pas conformé aux exigences de la loi
italienne (1). Et, le 31 décembre 1886, la cour de Gênes a
décidé que le prêt à la grosse, comme d'ailleurs tous les
contrats faits à l'étranger, était valable *ergà omnes*, quand
il avait été réalisé suivant les formes du lieu où il avait été

(1) *Rassegna di Diritto commerciale*, t3. p. 119.

contracté (1). De plus, un arrêt de la cour de cassation de Florence (2), a jugé, par deux fois, dans des cas où le capitaine avait pris à la grosse à l'étranger, que le procès-verbal et l'autorisation exigés par l'article 509 n'étaient que des formalités accessoires ayant uniquement pour but de démontrer plus promptement et plus certainement le besoin urgent de l'emprunt, et que leur absence était incapable d'exclure l'obligation du propriétaire. La même cour s'est, récemment encore, prononcée dans le même sens (3).

La jurisprudence danoise applique la règle *locus regit actum* à tous les privilèges en général (4).

La jurisprudence belge, qui s'est aussi prononcée dans un jugement d'Anvers du 30 juillet 1867 et un arrêt de Bruxelles du 30 mars 1889, a, nous l'avons vu, été plus loin encore, en donnant aux contractants le choix entre la loi locale et la loi du pavillon (5).

C'est précisément sur le choix à faire entre ces deux lois ou sur leur application cumulative que la doctrine est partagée. M. Lyon-Caen (6), examinant soigneusement le conflit dans ses *Études de Droit international privé maritime*, commence par écarter la loi du pays de destination proposée par certains auteurs, mais contredite par l'article 234

(1) *Revue internat. du Droit marit.*, II, p. 710.

(2) Du 28 janvier 1889, *Temi Genovese*, I, p. 136, et du 30 janvier 1891, *ibid.*, IV, p. 324.

(3) Du 29 décembre 1892, *Revue intern. du Droit marit.*, VIII, p. 430. — Voir cependant en sens contraire : Palerme, 29 mars 1892, *Temi Genovese*, IV, p. 535.

(4) Copenhague, 21 août 1889, *Revue intern. du Droit marit.*, VII, p. 689.

(5) *A.*, 87, p. 878, *Revue intern. du Droit marit.*, V, p. 103.

(6) *Journal du Droit international privé*, 82, p. 497.

en ce qui concerne les navires français à l'étranger et
aussi, selon lui, les navires étrangers en France, par réciprocité de traitement ; loi, du reste, d'une application fort
difficile en cas de destination éventuelle et souvent même
en cas de destination fixe. Puis, il s'exprime ainsi : « On
pourrait être tenté, pour éviter ces complications ou ces
véritables impossibilités, d'écarter sans doute la loi du port
de destination, mais d'exclure aussi celle du pavillon, pour
s'en tenir à la loi du pays où l'emprunt est contracté. La
règle *locus regit actum* paraît assurément favorable à cette
doctrine. On ne saurait nier qu'avec elle on échappe aux
graves inconvénients que présente l'application de la loi
du port de destination. Toutefois, nous ne croyons pas cette
opinion admissible. L'article 234 du Code de commerce
montre bien que notre législateur n'a pas voulu suivre cette
règle pour les navires français à l'étranger ; ainsi que nous
l'avons déjà fait observer plus haut, on ne peut admettre
pour les navires étrangers se trouvant en France une règle
générale différente de celle qui, d'après la législation française elle-même, régit les navires français en pays étranger. » Nous avons déjà rencontré cette opinion de M. Lyon-
Caen, sous une forme moins absolue, à l'occasion du
privilège des gens de mer, et nous avons admis que, si
la loi du lieu devait être la loi applicable en principe, il n'y
avait aucun inconvénient, le cas échéant, à reconnaître la
validité de l'acte passé en conformité de la loi du pavillon.
La solution que nous donnerons ici sera la même, car elle a
pour résultat de laisser aux parties la plus grande latitude
pour contracter en toute sécurité et, par suite, nous paraît

commandée par l'utilité internationale. Mais nous n'accepterons pas la théorie de M. Lyon-Caen, qui ne présente pas la loi du pavillon comme seulement facultative, mais comme la seule applicable, à l'exclusion de la loi locale. La raison tirée par l'auteur de la réciprocité de traitement ne justifie nullement cette exclusion. Car, premièrement, nous avons établi que l'article 234 n'était applicable aux emprunts sur navires français à l'étranger qu'en ce qui concerne la responsabilité personnelle du capitaine envers l'armateur. L'argument de M. Lyon-Caen ne serait donc juste, à notre point de vue, que dans cette limite, et serait sans valeur pour le surplus. Secondement, son raisonnement, qui est assurément applicable aux prêts à la grosse contractés en France sur navires étrangers, n'a plus d'application possible lorsque le prêt a été contracté à *l'étranger* sur ces mêmes navires et que le prêteur invoque ensuite ses droits en France. Dans cette hypothèse, la loi du lieu paraît préférable à toute autre. Qu'un capitaine égyptien, qui veut emprunter en Italie, ait à se conformer à la loi égyptienne, fort bien ; mais que le prêteur, qui est espagnol par exemple et dont le privilège est soumis par sa loi nationale à des justifications moins rigoureuses que celles de la loi égyptienne, doive se conformer à cette dernière loi, voilà ce qui se comprendrait mal. Entre deux parties étrangères entre elles, pourquoi préférer la loi de l'une à celle de l'autre ? Dans le doute, pourquoi ne pas choisir la loi du lieu de l'acte (1) ? Et,

(1) La Cour de cassation a posé le principe d'une façon générale et pour toute espèce de contrats dans un arrêt du 24 août 1880 (D. P., 80, 1, 417, et la note), rendu sur pourvoi contre un jugement du tribunal de

lorsque les contractants sont entre eux de même nationalité, pourquoi ne pas leur laisser le choix entre la loi locale et leur loi personnelle, si celle-ci n'y fait point obstacle ? Cette solution donne satisfaction à tous et aussi à l'opinion de M. Lyon-Caen, puisque les étrangers qui viendront emprunter à la grosse en France auront la faculté de le faire dans la forme de leurs propres lois, sauf les restrictions imposées par l'article 312 dans l'intérêt de l'ordre public.

Dans la même étude, M. Lyon-Caen soulève une autre objection contre l'application de toute autre loi que celle du pavillon, en disant : « Du reste, par cela même qu'il s'agit de formalités protectrices du propriétaire du navire et destinées à couvrir à son égard la responsabilité du capitaine, on peut dire qu'elles sont relatives aux pouvoirs du capitaine, qu'elles restreignent dans une certaine mesure. Or, il a été démontré que la loi du pavillon seule sert à déterminer les pouvoirs des capitaines » (1). Cette remarque, comme la précédente, ne porte que si l'on considère l'acte du côté du capitaine. Mais elle ne tient pas compte du caractère particulier que présentent les formalités de l'article 234 par suite du renvoi de l'article 312. Ces formalités se rapportent, sans doute, aux pouvoirs du capitaine, mais elles intéressent autant le prêteur, qui est garant de leur accomplissement, puisqu'il est exposé à perdre ses droits s'il néglige de l'assurer. Dans ces conditions, pourquoi

Boulogne-sur-Mer du 25 juillet 1870 : « Attendu que le contrat passé à l'étranger entre personnes de nationalités différentes est régi, quant à la forme et à son mode de preuve, par la loi du pays où il a été conclu. »

(1) Voir aussi cette opinion dans Asser, *Das internationale Privatrecht*, p. 120.

tout régler d'après la législation du navire, alors que les
deux parties ont également intérêt à l'observation de la loi?
Pourquoi obliger le prêteur à surveiller l'exécution de règles
qui lui sont étrangères et qu'il ignore la plupart du temps?
Ne lui imposerait-on pas par là un surcroît de risque?

M. de Courcy (1), se plaçant toujours du côté de l'équité
et des exigences commerciales, proclame, lui aussi, la
toute-puissance de la loi du pavillon, ce qui ne l'empêche
pas, d'ailleurs, d'applaudir, dans sa fougue, à un jugement
du tribunal de commerce de Marseille, que nous avons
déjà rapporté (2) et qui fait application de la loi du contrat.
Et il s'écrie : « Quand un navire étranger destiné pour la
France ou un navire français destiné pour l'étranger, ou
surtout un navire chargé à destination d'un marché indé-
terminé d'Europe, se trouve en détresse dans un port de
relâche et a besoin d'emprunter à la grosse, quel formalisme devra suivre le capitaine pour donner sécurité aux
prêteurs et attirer des concurrents ? Je suppose qu'on m'ac-
cordera que c'est le but désirable et qu'il ne convient pas
de tendre des pièges aux prêteurs, ce qui ne réussit pas
deux fois. Le bon sens répond que le capitaine devra
s'adresser à son consul et se laisser guider par lui. Un
homme de bon sens, le plus ignorant du droit maritime,
croira que le capitaine n'a rien de mieux à faire et ne peut
même pas faire autre chose. C'est aussi mon opinion ».
C'est encore la nôtre à nous, mais nous n'en concluons pas,
comme l'écrivain, que la loi du pavillon soit la seule appli-

(1) *Loco citato*, p. 72.
(2) Voir *supra*, p. 77.

cable. Le consul, qui est l'intermédiaire naturel entre ses
concitoyens et les lois du pays où il exerce ses fonctions,
est précisément là pour renseigner les capitaines sur la législation locale. Le plus souvent, le prêteur sera du pays, il y
aura donc deux raisons pour une d'appliquer la loi du lieu.

Il y en aurait même, à notre sens, une troisième, car, si
l'on soutient avec raison que les questions de capacité se
résolvent toujours par la loi personnelle des parties dont
la capacité est en jeu, on ne doit pas tirer de cette idée plus
qu'elle ne contient. Or, la capacité n'est, par définition,
que le pouvoir même de faire ou de ne pas faire un acte.
Mais les conditions de forme extrinsèque auxquelles cet
acte est soumis ne rentrent pas, à proprement parler, dans
la capacité, qui a trait uniquement aux pouvoirs des parties
considérés au point de vue du fond du droit. S'il s'agissait
de savoir si le capitaine peut ou ne peut pas emprunter,
la solution devrait être demandée à sa loi nationale, tandis
que, s'agissant de savoir quelles formalités il doit observer
pour exercer ses pouvoirs, on se retrouve dans le domaine
de la règle *locus regit actum*.

M. de Valroger, qui, sur la question de capacité, ne se
prononce pas et se borne à rapporter l'opinion de Maclachlan, lequel n'admet que la loi du pavillon (1), n'accepte que la *lex fori* lorsqu'il s'agit du privilège (2).

MM. Lyon-Caen et Renault (3), Alauzet (4), Cresp et

(1) *Droit maritime*, I, n° 442.
(2) *Ibid.*, III, n° 1006.
(3) II, n° 2349.
(4) V, n° 1642.

Laurin (1), Ruben de Couder (2), soumettent d'une façon générale le prêt fait à l'étranger aux formalités de l'article 234.

M. Desjardins (3) pense que le privilège du prêteur n'est pas sujet à la formalité de l'article 234, même lorsque le contrat est passé à l'étranger. Mais il admet cette solution même pour le cas où les deux parties sont françaises, ce qui nous paraît une défiguration complète de l'article 312. Quoi qu'il en soit, il l'admet à plus forte raison pour le cas où le prêteur est étranger. Si le prêteur est français et le capitaine étranger, l'article 234 ne sera plus applicable, d'après ce que nous avons dit plus haut, car le prêteur ne peut voir son privilège subordonné à l'accomplissement par le capitaine d'une formalité auquel celui-ci n'est pas astreint. Telle est la conséquence plus ou moins logique, mais rigoureuse, des textes.

Pour M. Desjardins donc, l'autorisation du juge, aussi bien en France qu'à l'étranger, n'est d'aucune nécessité pour la conservation du privilège. Mais il exige, au contraire, en vertu de l'article 192, le procès-verbal dans l'un et l'autre de ces cas, et ne fait de restriction que pour l'hypothèse où le prêt est consenti à l'étranger à *un capitaine étranger* (4). Encore hésite-t-il longtemps : « La question

(1) II, p. 259 et suiv.

(2) *Dictionnaire de Droit commercial*, v° *Grosse aventure*, n° 131. L'auteur refuse le privilège de l'article 191 en l'absence de procès-verbal, mais accorde en ce cas au prêteur celui de l'article 2102, § 8 du Code civil, fondé sur la conservation de la chose.

(3) I, n° 181.

(4) V, n°° 1139 et 1140.

est très complexe. Voici un étranger qui emprunte chez lui : comment ne suivrait-il pas sa propre loi ? Si celle-ci ne prescrit pas tout ce qu'ordonne la loi française, faut-il l'astreindre à chercher le sens d'un statut qu'il ne connaît pas ? Il s'efforcera par-dessus tout de ne pas recourir aux capitaux français si le prêteur français refuse de se conformer, par crainte de perdre son privilège, à la loi du pays où il se trouve ». Nous reproduisons volontiers cette phrase, qui témoigne du cruel embarras où s'est senti l'auteur, parce qu'elle marque combien difficile, en effet, est la solution si l'on ne la cherche pas dans la simple application de la règle *locus regit actum*.

M. Desjardins décide tout le contraire lorsqu'il s'agit d'un navire français, et cela soit que le prêteur soit français, soit qu'il soit étranger : « Autrement, dit-il, que signifierait l'article 312, § 2 ? » Nous répondrons que l'article 312, § 2, s'appliquera lorsque les parties seront toutes deux françaises. Car, si le prêteur est étranger et le capitaine français, la loi française ne régira que le capitaine et non le prêteur, et l'article 312 ne s'appliquera pas. Enfin, s'ils sont étrangers l'un et l'autre, les articles 324 et 312 seront également inapplicables. Il ne reste donc que l'hypothèse où ils sont français tous les deux.

L'auteur se demande incidemment si la production du procès-verbal est obligatoire alors même que le prêteur contracte directement avec le propriétaire du navire à l'étranger. La question ne se pose pas pour nous, qui avons admis que cette formalité n'était nécessaire qu'en France. Nous croyons, par conséquent, que, dans ce cas spécial comme dans les autres, la loi locale réglera la difficulté.

De tout ce qui précède il nous semble résulter que la doctrine a donné sur ces matières des solutions qui s'accordent plus ou moins avec l'esprit de la loi, mais assez mal avec son texte. A nos yeux, la raison en est qu'elle n'a pas pris ses termes suffisamment corps à corps, en distinguant soigneusement suivant, d'une part, le lieu du contrat, et, de l'autre, suivant la nationalité de chacune des parties.

Reste à voir le cas où l'emprunt est contracté en France entre étrangers. Nous avons dit que la loi locale devait alors se combiner avec la loi du pavillon, au moins dans l'hypothèse où les parties sont entre elles de même nationalité, d'abord parce que nous l'avons admis d'une façon générale, ensuite parce que la réciprocité internationale dicte cette solution. Mais nous avons fait pressentir une dérogation à cette idée en ce qui concerne l'obéissance à l'article 312. Sans doute, le 1° de cette disposition, pas plus que les articles 192 et 234, ne s'occupe des étrangers. Mais il prescrit en vue de l'ordre public, puisqu'il institue une forme de publicité, et l'ordre public oblige quiconque met le pied sur le territoire. Ici donc, la règle *locus regit actum* sera souveraine et exclusive de toute autre loi que la loi du contrat (1).

Il faut maintenant examiner la question de savoir si la règle *locus regit actum*, qui peut, selon nous, être combinée avec la loi du pavillon toutes les fois que les parties

(1) Voir pourtant la même solution en ce qui concerne l'article 234 : Marseille, 18 avril 1828, M., 28, 1, 86.

le réclament et que l'ordre public ne s'y oppose pas, peut être écartée par l'application de la *lex fori* lorsque les contractants la sollicitent de bonne foi. Ainsi, par exemple, l'article 500 du nouveau code italien ordonnant que le contrat de grosse soit mentionné sur l'acte de nationalité, que décider si, ce contrat étant passé en Italie entre un préteur français et un capitaine italien, le préteur, qui ne connaissait que sa propre loi, se réclame en France de la législation française afin d'éviter les conséquences du défaut de mention sur l'acte de nationalité? Nous pensons que cette prétention devra être admise et que la règle *locus regit actum* n'est pas obligatoire *hoc sensu*. Sans doute, le privilège irrégulièrement constitué ne saurait être légalisé par l'exécution du navire en France, et, en dehors de la loi locale et de la loi du pavillon, les parties ne peuvent s'en référer à leur loi nationale qu'en ce qui touche leur statut personnel et, lorsqu'elles font un acte, elles doivent, pour la forme à lui donner, se préoccuper du lieu et du moment où elles le passent. Mais la loi locale ne peut être pour elles qu'une faveur et ne peut s'imposer au juge étranger que si elle est plus douce que la loi du litige. Elle n'est donc obligatoire que devant le juge local, c'est-à-dire lorsqu'elle ne fait qu'un avec la *lex fori*.

A part ces deux derniers cas, la législation locale ne sera obligatoire devant aucun juge et pourra se combiner avec la loi du pavillon. C'est là le résumé de tout ce que nous venons de dire et c'est aussi la formule à laquelle s'est arrêté le dernier congrès d'Anvers de 1885. On peut se convaincre, en lisant le compte rendu de la séance du

29 septembre, que M. Lyon-Caen, que nous avons vu jusqu'ici exclure la loi de l'acte au profit de la loi du pavillon, transige enfin et propose lui-même, sur la discussion de cette question : « Le contrat à la grosse doit-il être régi par la loi du pavillon ? » l'introduction de ce membre de phrase dans la réponse à donner : «... sauf à se conformer, quant aux conditions et formalités, *soit à la loi du port où il* (le capitaine) *accomplit son opération, soit à la loi du pavillon* ». Et le texte définitif adopte : « Les pouvoirs du capitaine pour pourvoir aux besoins du navire, le vendre, l'hypothéquer, contracter un emprunt à la grosse, sont déterminés par la loi du pavillon, sauf pour lui à se conformer, quant à la forme des actes, soit à cette loi, soit à celle du lieu du contrat » (1).

Faisons remarquer, pour en terminer, que la jurisprudence admet le privilège pour les prêts à la grosse conclus antérieurement au départ sur navires étrangers en France ou à l'étranger. Par suite, tout ce que nous avons dit s'applique aussi bien à ces prêts qu'à ceux contractés en cours de route, du moment que le navire est étranger (2).

L'article 192, § 5, parle non seulement des sommes prêtées, mais encore de la valeur des marchandises vendues pour les besoins du navire, et exige pour celle-ci les

(1) Voir la discussion en commission et en assemblée générale : *Actes du Congrès international de Droit commercial d'Anvers*, 1885, p. 112 ; Paris, Pedone-Lauriel, 1886.

(2) Voir : Marseille, 8 avril, et Aix, 22 novembre 1876 ; *M.*, 77, 1, 166 ; *H.*, 78, 2, 218 ; Marseille, 4 avril 1881, *M.*, 82, 2, 19 ; Havre, 11 janvier 1887, *Revue intern. du Droit marit.*, 11, p. 684.

mêmes justifications que pour celles-là. L'article 234 s'exprime aussi de la même façon pour la vente et pour l'emprunt. Que faut-il en conclure ? C'est que, l'article 192 ne s'appliquant pas aux actes passés à l'étranger, l'article 234 les régira seul. Or, il est bien certain qu'il n'est écrit que pour limiter les droits du capitaine vis-à-vis du chargeur, non pour conditionner le droit personnel de ce dernier contre l'armateur ni son privilège à l'encontre des créanciers de tous ordres. C'est donc seulement lorsque la vente sera faite par un capitaine français à l'étranger et au point de vue du recours final du chargeur contre le capitaine, que l'application de la loi française devra tenir en échec celle de la loi locale. Il y a, pour la vente, des raisons plus fortes encore que pour l'emprunt de rendre les droits du chargeur aussi simples que possible à justifier, car l'article 192 est d'une rigueur exorbitante en subordonnant l'exercice de ces droits à des formalités qui sont indépendantes du chargeur (1). Nous dirons donc que la règle *locus regit actum* s'applique à la forme de la vente plus complétement qu'à celle du prêt, puisqu'elle ne subit de restriction, à ce point de vue, qu'au cas où le capitaine est français et, même dans ce cas, seulement dans ses rapports avec le chargeur.

Le 6° de notre article poursuit ainsi l'énumération des justifications à produire suivant les divers priviléges : « La vente du navire par un acte ayant date certaine, et les fournitures pour l'armement, équipement et victuailles du

<hr>

(1) Voy. DESJARDINS, I, n° 182; VALROGER, I, n° 40.

navire, seront constatées par les mémoires, factures ou états visés par le capitaine et arrêtés par l'armateur, dont un double sera déposé au greffe du tribunal de commerce avant le départ du navire ou, au plus tard, dans les dix jours après son départ ». Il y a fort peu à dire sur le privilège du vendeur de navire, car la certitude de la date exigée par le Code se trouvant le plus souvent réalisée par la mention de la vente sur l'acte de francisation (1), mention indispensable pour la rendre opposable aux tiers, cette question se confond avec celle des formes de la vente du navire, que nous examinerons en temps et lieu. Notons seulement, pour le moment, que, le privilège du vendeur étant éteint si le navire a pris la mer depuis la vente (2), il ne peut jamais s'agir d'examiner la validité en France d'un privilège né d'une vente intervenue à l'étranger. Et, si la vente a eu lieu en France, quelle que soit la nationalité des parties, la règle *locus regit actum* les obligera à se conformer à la loi française. Entre ces deux alternatives il n'y a de place pour aucune autre hypothèse, car la plupart des législations reproduisent la disposition de l'article 191, § 6. Le conflit de lois ne pourrait se concevoir qu'entre la loi locale et la loi du pavillon. Mais, comme les législations étrangères exigent la plupart du temps que le privilège du vendeur soit justifié dans une forme qui

______

(1) Le projet de 1867 exigeait du vendeur qu'il justifiât son privilège « par un acte ayant date certaine au moyen de la mention faite sur l'acte de francisation ».

(2) Ceci est discuté en doctrine mais admis le plus généralement. Voir DESJARDINS, I, nº 140.

assure la certitude de la date, la prescription de la loi française serait presque toujours accomplie et l'application de
la loi du pavillon donnerait satisfaction à la loi locale. En
réalité, d'ailleurs, cette dernière loi sera la seule à laquelle
les parties pourront se conformer, car les prescriptions de
la loi du pavillon sont de nature à ne pouvoir être accomplies que dans le lieu où elle est en vigueur. Aussi la
jurisprudence est-elle nulle sur ce point de droit international et la doctrine muette.

Le texte parle aussi des fournitures pour l'armement,
l'équipement et les victuailles du navire; mais il omet,
volontairement ou non, de parler des fournisseurs et
ouvriers employés à la construction. Il faut donc, comme
le fait, d'ailleurs, la jurisprudence (1), admettre que, pour
ces créanciers, la preuve du privilège est celle du droit
commun en matière commerciale. Par suite, les Français
qui ont acquis ce privilège à l'étranger peuvent l'invoquer
en France même s'ils se sont dérobés aux prescriptions de
la loi étrangère sous la domination de laquelle ils ont
traité. Car la règle *locus regit actum* ne saurait avoir pour
effet de rendre obligatoires sur le territoire français les lois
étrangères. Par exemple, le Code de commerce maritime
égyptien soumettant les constructeurs du navire qui
réclament leur privilège aux mêmes justifications que le
Code français exige des fournisseurs de l'armement, le sujet
égyptien qui réclamera le sien en France n'aura nullement
besoin d'établir sa créance suivant sa loi personnelle. En

(1) Cass., 17 mai 1876, DESJARDINS, 1, n° 184.

sens inverse, si un Français invoque le même droit en Égypte, on devra lui permettre de l'établir par tous les modes de l'article 109 du Code de commerce, car il lui était bien impossible de le faire constater suivant les formes prescrites seulement par certaines législations. De même si le droit est réclamé en Espagne (1), en Italie (2) ou au Chili.

Quant aux fournisseurs de l'armement, la difficulté n'existe qu'en ce qui concerne le visa du capitaine et l'arrêté de compte de l'armateur, car la Cour de cassation (3) a limité l'application de la formalité du dépôt au greffe aux dépenses faites avant le départ du port d'armement et l'a exclue pour celles faites *en cours de voyage*. Nous n'aurons donc qu'à répéter pour ces fournisseurs, et au point de vue de cette formalité, ce que nous venons de dire pour les constructeurs. Mais, à l'égard du visa et de l'arrêté de compte, que décider? Comme les codes étrangers reproduisent le plus souvent la disposition du Code français, la question est de nature à se présenter rarement, et, de fait, elle n'est solutionnée par aucun arrêt ni jugement. Nous trouvons seulement, pour les fournitures faites en France et entre Français, une jurisprudence fort rigoureuse, qui exclut tous modes de preuve équivalents à ceux de l'article 102 (4), et un jugement du tribunal de commerce de Mar-

(1) Art. 508.
(2) Art. 286, § 6.
(3) Du 23 mars 1869, *D. P.*, 70, 1, 103.
(4) Rennes, 2 Juin 1864, *M.*, 64, 2, 102, et la jurisprudence rapportée dans la note.

seille (1), qui ne tranche la difficulté qu'au point de vue de
l'existence même du privilége. Nous extrayons cependant de
cette décision un alinéa d'où découle, par *a contrario*, l'adoption du principe que la loi du lieu gouverne cette question de
forme, comme elle les gouverne toutes : « Attendu, dit-elle,
« que le sieur X... a prétendu que c'était la loi du contrat qui
« devrait être appliquée dans l'espèce; qu'il ne s'agit point
« de la régularité d'un contrat à raison des formalités qui
« auraient dû être observées, mais de ses effets ». D'où il
résulte implicitement que, s'il se fût agi des formalités, le
tribunal eût appliqué la loi locale. Cette solution est, d'ailleurs, commandée par le bon sens, car le Code veut seulement une justification aussi sérieuse que possible de la
créance et n'impose rien de sacramentel en exigeant une
reconnaissance formelle de la dette et par le capitaine et
par l'armateur. Si donc des fournitures sont faites à un
navire français à l'étranger, le fournisseur étranger ne
saurait être déchu de son privilége pour n'avoir pas fait
viser ses factures, dans l'ignorance de la loi française. Du
reste, celle-ci ne fixant aucun délai pour l'accomplissement
de cette formalité, il serait toujours à temps de la remplir
en France, le cas échéant, avant sa demande en collocation.
Ce qui, au surplus, démontre combien illusoire est la
garantie pouvant résulter de cette formalité, du moment
que la justification émane des parties elles-mêmes.

Dans le cas où le fournisseur serait Français et où la
fourniture aurait été faite dans un pays où la loi ne prescrit

(1) Du 17 octobre 1865, *J.*, 66, 1, 14.

rien de particulier pour l'établissement du privilège, nous pensons encore, malgré qu'on ne puisse parler ici d'ignorance de la loi française, que la créance sera suffisamment justifiée par les modes du droit commun. Car, si le visa du capitaine aura toujours été possible, l'approbation du compte par l'armateur aura été souvent plus difficile à obtenir, la distance pouvant être considérable entre le lieu de l'acte et la demeure du propriétaire.

Le huitième paragraphe de l'article 192 ne présente pas plus d'intérêt pratique que le précédent au point de vue international. Les justifications qu'il prescrit, pour l'exercice du privilège de l'assureur, ne sont autres que celles résultant de l'article 332 pour la preuve même du contrat d'assurance. L'article 192 n'eût-il rien dit, le privilège n'aurait jamais pu être établi que par écrit. Or, en fait d'écrits, on ne voit guère ici que la police ou les livres du courtier ou du notaire ou les billets de primes (1). Le législateur ne prescrit donc, en réalité, rien de particulier, et, comme les législations étrangères n'en font ni plus ni moins, la règle *locus regit actum* doit régir souverainement ce privilège. Cependant, si le contrat avait été passé en Angleterre où les usages seuls déterminent la forme de l'assurance, pourrait-on dire que la forme du privilège étant liée à celle de la convention dont il dérive, la preuve écrite pourrait être, selon les circonstances, considérée comme superflu par le juge français ? Ce serait peut-être aller bien loin. Mais pratique-

(1) Il est admis que ces deux dernières sortes de documents sont aussi probantes que les deux autres (Cass., 4 mai 1853, *D. P.*, 53, 1, 125; DESJARDINS, 1, n° 189).

ment la question est de peu d'importance, car il sera fort
rare que la preuve de l'assurance soit administrée en dehors
d'un acte écrit.

Le dernier alinéa du texte exige enfin que le privilège
des affréteurs pour les dommages-intérêts qui peuvent leur
être dus soit constaté par les jugements ou les sentences
arbitrales intervenues. Il est admis assez généralement (1)
que toute transaction ou expertise ayant l'autorité de la
chose jugée supplée suffisamment les décisions judiciaires
à ce point de vue. On peut donc admettre la justification de
ce privilège par des moyens équivalents à ceux de notre
article, lorsqu'il est né à l'étranger. Mais peut-on accueillir
tous les modes de preuve du droit commun ? On ne verrait
pas pourquoi non, la preuve résultant de la transaction
n'offrant aucune espèce de garantie particulière et supérieure aux autres modes. Il n'y aurait aucune raison pour
ne pas se contenter, par exemple, d'une reconnaissance par
écrit qui n'aurait pas le caractère transactionnel. La loi
n'ayant rien ordonné de sacramentel, on peut légitimement
supposer qu'elle n'a pas disposé pour les droits nés hors
de France. Tout au plus devra-t-on exiger l'accomplissement de ses prescriptions lorsque la créance aura pris naissance dans un pays dont la législation les reproduit (2).

C'est maintenant le lieu, pour compléter notre commentaire des articles 191 et 192, de parler des formes du contrat d'hypothèque maritime, dont la loi des 10-22 décembre
1874 a fait un appendice à la première de ces dispositions,

(1) DALLOZ. J. G., v° *Droit maritime*, n°s 281 et 282.
(2) Voir DESJARDINS, 7, n° 190.

et, d'une façon plus générale, des formes des droits réels constitués conventionnellement sur le navire.

Avant d'entrer dans l'étude de cette question si complexe, faisons remarquer que les conflits de lois, relativement à la forme de l'hypothèque sur les navires, ne sont possibles, en France du moins, que depuis la loi de 1874, avant laquelle cette hypothèque n'était pas reconnue. Aujourd'hui, c'est la loi du 10 juillet 1885 qui règle les formes de ce contrat lorsqu'il est passé en France et, dans cette loi, l'article 33 qui les règle lorsqu'il est passé à l'étranger.

Mais, s'il en est ainsi de l'hypothèque, il en est autrement des autres droits réels, pour lesquels le conflit pouvait se produire avant la législation nouvelle. Aussi trouvons-nous un arrêt de cassation du 19 mars 1872 (1) annulant un mortgage constitué en Angleterre, pour ces deux motifs subsidiaires, d'une part que cet acte ne pouvait valoir comme nantissement, faute par les créanciers d'avoir été mis en possession réelle ou fictive du navire et d'avoir, par suite, observé les conditions de forme auxquelles la loi française subordonne le droit du gagiste, et, d'autre part, qu'il ne pouvait non plus valoir comme privilège du constructeur, faute par l'acte d'énoncer la cause de la créance et, par conséquent, faute, ici encore, par le créancier d'avoir rempli les mêmes conditions de forme. Nous ne songeons pas à examiner la solution donnée dans cette affaire par la Cour suprême, car il n'entre pas dans

____

(1) *D. P.*, 74, 1, 465. Voir aussi : Marseille, 10 juin 1874, *Journal du Droit intern. privé*, 11, p. 75 ; Rennes, 14 avril 1875, *N.*, 75, 1, 248. Bruxelles, 27 décembre 1870, *Belg. judiciaire*, 80, p. 181.

notre sujet d'étudier la validité en France d'une hypothèque maritime consentie à l'étranger à une époque où cette hypothèque n'existait pas au regard de notre Code. Mais nous pouvons apprécier ces considérants en ce qui concerne l'interprétation des articles 2076 du Code civil et 192 du Code de commerce. Cette appréciation est d'un grand intérêt pour déterminer les limites de la règle *locus regit actum*, car elle porte sur la distinction à faire entre ce qui peut être considéré comme formalité pure et ce qui est quelque chose de plus. Le mortgage, soutenaient en l'espèce les demandeurs, s'il ne peut valoir comme hypothèque, vaudra toujours comme nantissement et, si les créanciers n'ont possédé d'aucune manière le navire, il importe peu : cette possession n'est qu'une formalité et la loi anglaise ne la prescrit point. A quoi la cour de Caen répondait, dans la décision confirmée par l'arrêt de cassation ci-dessus : « Attendu que l'article 2076 du Code civil « dispose que le privilège résultant du nantissement ne « subsiste sur le gage qu'autant qu'il est resté en la pos- « session du créancier ou d'un tiers convenu entre les « parties; *qu'il ne s'agit pas, dans cet article 2076, d'une* « *simple formalité exigée par la loi du lieu où l'acte* « *est reçu, mais d'une condition essentielle exigée pour* « *la validité de tous les nantissements* ». La cour aurait pu dire *pour l'existence* de tous les nantissements, car ici la langue du droit et la langue grammaticale sont d'accord pour faire du nantissement un contrat qui ne se réalise, par définition même, que par la possession au moins fictive de ce qui en fait l'objet. Il en serait ainsi même à défaut d'un texte qui pose le principe, car on ne conçoit pas que le simple consentement des parties puisse suffire, dans aucun pays du monde, à suppléer la détention matérielle ou juridique. La règle *locus regit actum* n'était donc pas, à vrai dire, en jeu dans cette hypothèse, du moins au point de vue de l'argument tiré du nantissement. Quant à l'argument tiré du privilège du constructeur, nous ne pouvons, pour son appréciation, que renvoyer aux explications données sur les articles 191 et 192. Il s'agissait bien là d'une formalité, car une mention sur un acte est évidemment indépendante de l'existence même de cet acte. La difficulté eût dû être, par conséquent, tranchée par l'application de la loi locale, contrairement à ce qui fut fait.

Mais la solution, à vrai dire, était ailleurs, et la cour de Caen devait se borner à repousser le privilège comme dérivant d'un contrat auquel les lois françaises ne reconnaissaient aucun effet. Nous venons de dire que nous n'avions pas à examiner si c'était à bon droit ou à tort que le juge français avait rejeté la demande pour ce dernier motif. Il rentre pourtant dans notre cadre, aujourd'hui où l'hypothèque maritime est consacrée par nos lois, de voir si un acte, correspondant, suivant la législation du lieu, à ce qu'est en France l'hypothèque, ne doit pas être considéré comme une hypothèque étrangère, revêtue seulement de formes différentes et valable en France du moment qu'elle se présente sous ces formes qui la rendent légale aux yeux du législateur étranger. En d'autres termes, peut-on dire que l'accomplissement des conditions extrinsèques d'un acte, qui n'est reconnu en France qu'à l'état d'équivalent, aura la vertu de rendre cet acte bon et valable pour nos tribunaux ? La question s'est posée, non pas en France, mais en Belgique, pour un *mortgage*, constitué en Angleterre sur un navire anglais. Le *mortgage* est une hypothèque d'une nature particulière et dont les effets sont sensiblement plus étendus que ceux de l'hypothèque telle qu'elle est admise par les lois française et belge. Il crée, en effet, un véritable privilège qui s'étend au fret et donne au créancier le pouvoir absolu de disposer du navire, ce qui le différencie et de l'hypothèque et du gage. La cour de Bruxelles (1) a décidé que, malgré l'accomplissement de toutes les conditions de forme nécessaires pour la constitution d'un pareil droit en Angleterre, on ne pouvait lui faire produire en Belgique tous les effets qu'il comporte d'après la législation anglaise. Et la même cour a reproduit la même solution à moins d'un an d'intervalle (2).

Bien que cette question soit au moins autant une question de fond qu'une question de forme, puisqu'il s'agit de se prononcer sur l'existence même du droit, et bien qu'il puisse paraître singulier de vivifier le fond par la forme, il nous semble, toutes réflexions faites, que le parti de la jurisprudence belge est sujet à de sérieuses critiques et que la difficulté ne peut s'aplanir que par une distinction. Que les droits réels étrangers, établis suivant la législation étrangère, soient méconnus en France dès qu'ils heurtent nos lois, cela se conçoit fort bien lorsqu'ils ont été constitués

(1) Du 21 décembre 1887, *Revue intern. de Droit marit.*, III, p. 620.

(2) Du 14 avril 1888, *ibid.*, IV, p. 83. — Voir dans un autre sens : Tribunal supérieur hanséatique, 26 avril 1891, *ibid.*, X, p. 269.

sur des navires français, mais non lorsqu'ils portent sur des navires étrangers. Car, si la matière des privilèges et hypothèques est de statut territorial, elle ne l'est que dans le droit commun, et nous savons que les navires sont des meubles d'une nature particulière qui échappent aux règles ordinaires. De plus, si l'on s'explique aisément qu'on ne puisse consacrer sans danger sur un bâtiment français un droit réel qui n'est pas reconnu par nos lois, car cela conduirait à faciliter la fraude entre créanciers, en permettant à certains d'entre eux d'aller à l'étranger pour s'assurer, aux dépens des autres, des droits que ceux-ci n'avaient point prévus, on se l'explique beaucoup moins bien lorsqu'il s'agit simplement de faire reconnaître en France un droit constitué légalement et sans fraude dans un État étranger et suivant les lois de cet État sur un bâtiment qui porte son pavillon. Les tiers qui contractent avec le navire, connaissant sa nationalité, savent fort bien ou doivent savoir de quelle espèce de droits ce navire est susceptible d'après la législation dont il relève. Bien plus, la solution contraire est de nature à favoriser davantage encore les actes frauduleux (1), car il suffirait aux créanciers chirographaires de saisir le navire dans un port où les droits qui les gênent ne sont pas reconnus pour anéantir ces droits honnêtement et régulièrement établis. Dans tous les cas, ces droits seraient exposés à une réalisation si aléatoire que le crédit des armateurs en serait forcément compromis.

Mais il ne résulte bien évidemment de tout cela qu'une

(1) Voir LYON-CAEN, *Journal du droit intern. privé*, IX, p. 246 et suiv.

conséquence : c'est que la loi du pavillon sera la seule applicable en cette matière, car la sauvegarde des tiers est à ce prix. Pour que la publicité du droit existe, il faut que tout le monde puisse s'informer, auprès de l'autorité étrangère, qu'il a été constitué ; or, pour obtenir ce résultat, il faut qu'il y ait un point fixe, un lieu déterminé où la situation du navire soit enregistrée, et ce lieu ne peut être que le port d'attache. Et c'est assurément la loi de ce lieu qui devra régler les formalités qui devront y être remplies. En fait, d'ailleurs, pour des droits particuliers à certaines nations tels que le *mortgage*, le conflit est impossible et il ne peut être question que de la loi du pavillon, puisque la loi locale se confond nécessairement avec celle-ci, les formalités prescrites pour la constitution, comme pour la conservation du droit, devant être forcément remplies dans le pays du navire.

Quant à l'hypothèque, comme elle est actuellement admise par la généralité des législations, elle ne peut guère faire naître que des conflits relatifs à la forme. A ce point de vue, il y a deux ordres d'idées à distinguer avant tout : d'une part, certaines formalités sont contemporaines du contrat, et, de l'autre, certaines formalités sont requises postérieurement à sa rédaction pour en assurer la publicité. La règle *locus regit actum* ne saurait être appliquée qu'aux premières, et encore allons-nous voir qu'elle ne doit l'être que dans certaines limites. Pour les secondes, ne pouvant être accomplies que dans le port d'attache du navire, c'est d'après la législation dont ce port relève qu'elles devront être, d'après la nature même des choses, appréciées. La

loi française a pris la peine de le dire ; mais, ne l'eût-
elle pas fait, nous aurions été conduits à l'admettre, à
moins de sacrifier totalement le principe souverain et uni-
versel de la publicité de l'hypothèque. Et, comme la publicité est forcément de statut réel, les formalités qui ont pour
but de l'assurer sont applicables à tous les navires français
sans qu'il y ait de distinction à faire suivant la nationalité
des parties. En ce qui concerne les formes du contrat lui-
même, comme la loi française ne prescrit que la rédaction
d'un écrit et qu'aucune législation étrangère ne reconnaît
d'hypothèque en dehors de cette condition, l'hypothèque
constituée à l'étranger sur un navire français au profit
d'un étranger sera toujours valable en France pourvu
qu'elle soit constatée par un acte, quel qu'il soit. On s'est
pourtant demandé si la règle *locus regit actum* ne devrait
pas avoir pour effet de rendre l'hypothèque nulle si elle
avait été consentie en dehors des formes locales, lorsque
la législation du lieu en prescrivait de plus rigoureuses que
la loi française, par exemple, l'authenticité du contrat. La
question revient à se demander si notre règle est obligatoire en ce cas. Nous ne le pensons pas, car la tendance
de la loi nouvelle, qui a voulu favoriser l'hypothèque, y
répugne, en même temps que les principes eux-mêmes.
Lorsque le droit porte sur un navire français, on peut dire
qu'il s'agit d'une hypothèque française, car, si le droit peut
avoir une nationalité, il ne peut, en cette matière, en avoir
d'autre que celle du bâtiment qu'il affecte. De plus, il serait
peu conforme à l'esprit de libéralisme, qu'on doit apporter
à la solution des problèmes internationaux, d'opposer aux

étrangers leur propre loi lorsqu'ils se sont mis en règle avec la nôtre. Et c'est aussi dans ce même esprit que nous considérerions l'hypothèque, constituée en France par acte sous seing privé sur un navire étranger, comme valable dans un pays où la forme authentique est exigée, alors même que les parties seraient des nationaux de ce pays. Car, si le motif de la force majeure fait ici défaut, nous n'en sommes pas moins en une matière purement formelle soumise facultativement au statut local en l'absence d'une disposition prohibitive de la loi nationale.

Mais nous n'irons pas plus loin et nous refuserions de considérer comme facultative l'application de la législation locale lorsqu'elle ne fera qu'un avec la loi du navire. Si, par exemple, une hypothèque est constituée sur un navire étranger dans un pays étranger dont il porte le pavillon et en violation de ses lois, ce serait méconnaître singulièrement l'autorité des lois étrangères dans une matière toute de droit réel que de valider une pareille hypothèque en France et de donner ainsi la vie à un contrat mort-né. En ce cas donc, le caractère obligatoire de la maxime ne pourra faire aucun doute, à moins que la convention ne soit rajeunie par la ratification des parties.

En dehors de cette hypothèse, la règle *locus regit actum* doit être appliquée comme une règle facultative aux formes de l'hypothèque maritime autres que celles de publicité. Quant à celles-ci, la loi du lieu ne les régira que lorsqu'elle se confondra avec la loi du pavillon, car, que l'on désigne ici, par le mot *actus*, soit le contrat, soit l'inscription même, la loi du navire est la seule applicable aux formes d'un acte qui ne peut être accompli qu'au port d'attache. Seulement, si l'on entend par l'*actus* l'inscription, et non la convention d'hypothèque, on peut dire que la forme de l'inscription relève de notre règle, puisqu'elle ne saurait être autre que celle du lieu où l'inscription aura été prise.

La distinction entre les formalités contemporaines du contrat et celles destinées à le rendre public n'a pas été suffisamment dégagée par les auteurs. C'est ainsi que M. de Valroger se borne à dire : « Au point de vue de la forme, de la validité de l'inscription, on ne peut évidemment se référer qu'à la loi du lieu du contrat ou à la loi du pavillon » (1), ce qui pourrait donner à supposer que, dans sa pensée, il peut arriver que la légalité de l'inscription doive être appréciée d'après une loi autre que celle du pays où elle a eu lieu ; or, cela n'est guère concevable. Laurent examine avec soin les deux catégories de formes ; mais il ne pose le conflit qu'au point de vue des formalités indépendantes de la constitution de l'hypothèque ; en ce qui concerne les formes originelles du contrat, il envisage des hypothèses où, la loi locale et la *lex fori* édictant les mêmes dispositions, aucun conflit n'est possible (2). Enfin, M. Desjardins établit çà et là des différences, mais ne les met nulle part en pleine lumière (3).

Il nous semble cependant que la solution a son meilleur point d'appui dans cette séparation des deux classes de formalités nécessaires à la complète existence du droit

(1) III, p. 183.
(2) *Droit civil international*, VII, p. 161.
(3) Voir t. V, p. 468 et suiv.

d'hypothèque. Car, si l'on comprend que ce contrat participe de la tolérance internationale dont bénéficient tous les autres, ce ne peut être que dans la mesure où cette tolérance se concilie avec les nécessités inhérentes à la nature même de la convention. L'hypothèque, dont l'essence est de créer des préférences, vit forcément de publicité. Cet élément supprimé, elle manque son but essentiel, qui est de favoriser le crédit. Et, comme la publicité comporte la *permanence* du lieu où elle se réalise, elle ne peut s'assouplir aux perpétuels déplacements du navire. Mais, cette considération cessant pour tout ce qui touche seulement aux formes qui accompagnent la naissance du droit, il n'y a aucune raison pour ne pas faire à ces formes une large application de la *comitas gentium*.

Le débat est donc circonscrit dans la question de publicité. Nous verrons plus loin qu'on l'a étendu aux formalités concernant l'exécution. Pour le moment, nous devons le résoudre au premier de ces points de vue.

Bien qu'il paraisse difficile de contester la validité de l'inscription faite conformément aux lois du pays où elle est prise, il y a divergence sur le point de savoir si l'hypothèque constituée à l'étranger sur un navire étranger produit en France effet à l'égard des tiers en l'absence d'inscription prise conformément à la loi française. Notons que la difficulté n'existe pas lorsqu'il s'agit d'un navire français hypothéqué à l'étranger, puisque l'article 33 de la loi de 1885 la tranche négativement en exigeant l'inscription au port d'immatricule du bâtiment (1). Réciproquement,

(1) LAURENT, qui écrivait en 1881, refusait tout effet à cette hypothèque par application de l'article 2128 du Code civil : *loco citato*, p. 469.

l'hypothèque consentie en France sur un navire étranger
sera clandestine par rapport aux tiers tant qu'elle n'aura
pas été inscrite dans le pays du navire, car personne ne
pourra, bien évidemment, se renseigner sur l'état hypothécaire du bâtiment qu'auprès des autorités dont il relève.

La jurisprudence française se réduit presque sur ce point
à quatre décisions rendues sur une même affaire, qui a
passé par les trois degrés de juridiction et a finalement
reçu de la cour de Grenoble la conclusion qui nous semble
la plus conforme à la vérité. Il est intéressant de suivre
l'espèce dans ses diverses phases. Le 8 avril 1876, le
tribunal civil de Marseille avait accordé pleine efficacité
en France à une hypothèque constituée en Grèce sur un
navire grec à la suite d'un prêt à la grosse reçu par un
notaire du lieu de l'acte et inscrit au greffe du tribunal de
commerce de ce même lieu (1). Devant la cour d'Aix, il fut
dénié tout effet à cette hypothèque par les considérants qui
suivent : « Attendu que, si l'hypothèque donnée sur un
« navire en pays étranger peut aujourd'hui produire des
« effets en France, ce ne peut être qu'à la charge pour le
« créancier de se conformer aux prescriptions de la loi
« française ; qu'en effet, l'hypothèque, soit qu'elle porte
« sur un meuble ou sur un immeuble, est un droit réel,
« faisant partie du statut réel, et qui ne peut, dès lors,
« être exercé en France et consacré par un juge français
« que par application et en conformité des lois qui régissent
« le territoire ; or, que X... n'a pris aucune inscription en
« France ; que la transcription de son contrat, qu'il a faite
« au tribunal de commerce de Syra, ne saurait équivaloir

(1) J., 77. 1. 166.

« ni suppléer à cette inscription, et qu'il n'y a pas à se
« préoccuper de la difficulté ou même de l'impossibilité
« qu'il y aurait eu pour lui de la prendre... » 1 . A son
tour, la Cour de cassation, appelée à se prononcer, valida
l'hypothèque en ces termes : « Attendu que les formalités
« prescrites par la loi du 10 décembre 1874 et, par consé-
« quent, celles qui font l'objet de l'article 6 de cette loi, ne
« pouvant s'appliquer à l'hypothèque sur les navires
« étrangers, ne sauraient faire d'obstacle à ce que cette
« hypothèque reçoive son effet en France, lorsqu'elle a
« été régulièrement constituée suivant la loi des pays aux-
« quels appartiennent ces navires 2 . » Et finalement, la
cour de Grenoble, devant laquelle l'affaire fut renvoyée
par la Cour suprême, reprit les mêmes motifs sous une
forme plus énergique et plus complète : « Attendu que les
« formalités prescrites par l'article 6 de la loi du 10
« décembre 1874 ne s'appliquent évidemment qu'à l'hypo-
« thèque sur les navires français, l'hypothèque sur les
« navires étrangers demeurant assujettie seulement, pour
« son effet en France, aux formalités du pays auquel ils
« appartiennent ; qu'on ne saurait donc opposer à X...
« l'inobservation des formalités voulues par l'article 6 de
« la loi du 10 décembre 1874, *à moins d'exiger, pour la*
« *validité des hypothèques grevant un navire qui par-*
« *court le monde, qu'il ait rempli les formalités spéciales*
« *exigées par la législation de chacune des nations mari-*
« *times dans les ports desquelles il pourra être saisi, ce*

(1) M., 77, 1. 170.
(2) Du 25 novembre 1879, M., 80. 2. 121.

« *qui est absolument impossible ;* que la plus essentielle,
« d'ailleurs, de ces formalités dans tous pays, la publicité,
« le navire la porte lui-même sur ses livres de bord avec
« leur force probante » (1).

Nous ne saurions assez approuver ces tendances de nos
tribunaux, qui ont su comprendre que, si l'on refusait tout
effet à l'hypothèque étrangère non inscrite en France, il y
allait tout simplement du droit d'invoquer en France toutes
les hypothèques portant sur des navires étrangers, puisque
les registres des receveurs des douanes ne sont ouverts
qu'aux inscriptions relatives à des navires français.

Et d'ailleurs, à un point de vue plus théorique, il est
visible que la doctrine de la cour d'Aix sur la *réalité* de
l'hypothèque, quelle que soit la nature des biens qu'elle
affecte, est fort contestable dans les termes où elle se présente. M. Lyon-Caen dit, à ce sujet, dans un langage très
juridique : « En soi-même, le principe rappelé par la cour,
en ce qui concerne la nature des lois relatives aux meubles,
est incontestable. Mais la question est précisément de
savoir si ce principe régit même les navires. La cour d'Aix
affirme qu'il lui est applicable, mais sans en donner aucune
raison. On peut supposer, sans crainte de se tromper, que
la cour a été entraînée par cette considération qu'il n'y a
pas de distinction dans la loi. Cette considération a-t-elle
une valeur sérieuse ? Nous ne le croyons point. On ne peut
invoquer un texte législatif quelconque qui pose la règle
sans faire une distinction. Nulle part, nos codes n'ont déterminé quelles lois régissent les biens mobiliers en cas de conflit

(1) Du 21 mai 1881, *M.*, 82, 2, 16.

des législations. Cette règle a été admise par des considérations d'utilité publique que nous rappelons plus haut. Ces motifs n'existant pas pour les navires, la règle ne doit pas leur être appliquée. *Ubi non eadem est ratio, ibi non idem jus* » (1). Quoique cette déclaration de principes ne porte que sur le choix à faire entre la *lex fori* et la loi du navire, il était intéressant de la rapporter, car nous pouvons en faire notre profit au point de vue de l'application de la loi locale en général. Un argument de moins en faveur de la *lex fori*, c'est un argument de plus en faveur de la règle *locus regit actum*, toutes les fois que celle-ci n'est plus tenue en échec par la loi du pavillon.

Le 4 avril 1881, le tribunal civil de Marseille a fait une nouvelle application de la théorie de la cour de Grenoble en attribuant à un prêt, fait en Grèce, sur un navire grec et conformément aux lois grecques, tous les droits attachés en France au prêt hypothécaire (2). Le jugement ne discute même plus la validité du droit hypothécaire et se borne à constater que les formalités légales ont été accomplies en Grèce, donnant ainsi à entendre que la validité de l'acte s'ensuit au regard de toutes les législations : « Attendu que « l'emprunt a été inscrit par le président du tribunal de « commerce sur le livret du navire, conformément à l'ar- « ticle 6 de la loi grecque des 13-25 novembre 1851... ». Et la décision ajoute que, le droit conféré étant bien réellement un droit d'hypothèque, et l'hypothèque étant recon-

____

(1) Voir la note sous l'arrêt de cassation du 23 novembre 1879, SIREY, 80, 1, 258.

(2) *M.*, 82, 2, 10.

une en France, on ne peut que lui faire bon accueil, puisqu'il a été régulièrement constitué et rendu public.

M. Laurent est systématiquement hostile à ce point de
vue et va jusqu'à exiger pour la validité de l'hypothèque
étrangère sur navire étranger, une seconde inscription en
France, alors même qu'une première aurait été prise dans le
pays du navire (1) : « Il n'y a de préférence entre créanciers,
dit-il, qu'en vertu de la loi territoriale et en conformité
avec cette loi : tel est le principe fondamental en cette
matière, et il est décisif ». Sans craindre de répéter ce que
nous avons dit plus haut, nous répondrons à cette affirmation par trop dogmatique qu'il ne s'agit point précisément
ici du rang des créanciers, mais des formalités auxquelles
est soumise la détermination de ce rang ; il ne s'agit pas des
causes mêmes du droit de préférence, qui sont dans la date
des contrats, mais de la preuve de ce droit, qui s'administre
par la date des inscriptions. Tout ce qu'il faut pour assurer l'égalité entre les créanciers, c'est que ces inscriptions
leur soient connues. Or, ils peuvent tout aussi bien s'en
informer auprès des autorités étrangères qu'auprès des
autorités nationales : ils n'ont, pour cela, qu'à s'en référer
aux couleurs du pavillon. Quelle inégalité bien plus grande,
résulterait, au contraire, de l'application absolue du statut
territorial ! Par ce seul fait que le navire aura été saisi dans
les eaux françaises, le créancier grec, qui se sera mis en
règle avec sa loi personnelle pour la conservation de son
privilége, sera déchu de tout droit à l'encontre de ses
concurrents français ? Une telle conséquence suffirait, en

(1) *Droit civil international*, VII, p. 468.

— 113 —

dehors de toute autre considération, à condamner le système qui la consacre.

On voit donc que l'application de la *lex fori* est, ici encore, en opposition avec les idées de large internationalisme dont nous nous sommes jusqu'à présent inspiré. Mais on voit aussi que nous sacrifions volontiers la règle *locus regit actum*, lorsque son application aveugle conduirait à l'insécurité universelle des droits acquis. Il est certain, par exemple, qu'elle se concilie assez mal avec les nécessités de la publicité hypothécaire telle qu'elle est actuellement organisée par le plus grand nombre des législations. La plupart, en effet, l'ont réglementée de façon telle qu'il est impossible pour les tiers de se renseigner ailleurs qu'au port d'attache du bâtiment ou tout au moins auprès des autorités de la nation à laquelle il appartient (1). En Grèce seulement, la publicité des prêts sur le navire est organisée dans des conditions particulières qui permettraient, si elles étaient généralisées et adoptées par tous les États, de se renseigner sur les droits réels qui peuvent grever le bâtiment en s'en référant simplement aux papiers du bord (2). Mais il est bien certain que l'inscription serait toujours régie par la loi du pavillon, puisque le livret du navire serait tenu selon les prescriptions de cette loi. De plus, l'inscription étant opérée par un magistrat du pays auquel appartient le navire ou, ce qui revient au même, par le consul de ce pays, il ne saurait être question de lui appliquer aucune

(1) Voir l'organisation de la publicité de l'hypothèque maritime dans les principales législations : DESJARDINS. V, p. 437 et suiv.

(2) Voir *Revue intern. du Droit maritime*, I, p. 316 et suiv.

autre loi. Et l'on doit en dire autant de la mention au dos de l'acte de nationalité, prescrite en Angleterre par l'article 67 du *Merchant Shipping Act* et en Belgique par l'article 142 de la loi du 21 août 1879.

Aussi M. Desjardins (1) nous paraît-il s'être exprimé d'une façon trop indécise lorsque, rapportant un arrêt de cassation du 23 février 1864 d'après lequel « les actes sont régis par la loi du lieu où ils ont été passés quant à leurs formes, *à leurs conditions fondamentales* et à leur mode de preuve », il prétend faire application de cette formule très large aux formes, quelles qu'elles soient, de l'hypothèque. Il est vrai que l'auteur se place dans l'hypothèse où un navire acheté à l'étranger par un Français était déjà hypothéqué lors de la vente, auquel cas la loi nouvelle (art. 33) oblige les créanciers antérieurs à l'opération à prendre en France une inscription, qui fixera leur rang à sa date. Mais, comme il ne s'occupe que des créanciers qui n'ont jamais été inscrits et qu'il applique d'une façon générale aux formes des hypothèques consenties avant la vente la règle *locus regit actum*, il donne à entendre, et c'est ce qu'il importait de relever, que, lorsque des inscriptions ont déjà été prises à l'étranger, elles peuvent l'avoir été valablement selon la loi du lieu des contrats, ce qui n'est bien évidemment possible que lorsque cette loi et celle du pavillon n'en font qu'une.

M. Lyon-Caen (2) résume notre système avec autant d'énergie que de modestie : « Nous croyons, dit-il, que, quelque

(1) V, p. 470.
(2) *Études de droit international privé maritime*, n° 81.

opinion qu'on admette sur la valeur de notre théorie de la loi du pavillon en général, la solution que nous donnons pour la publicité de l'hypothèque maritime s'impose par des considérations pratiques impérieuses ». Ce motif, tiré de la nécessité même des choses, va nous servir à déterminer la limite à laquelle nous devrons nous arrêter dans l'application de la loi du pavillon. La publicité étant régie par cette loi, devrons-nous nous contenter de toute espèce de publicité, pourvu que cette loi s'en contente ? En d'autres termes, est-ce au point de vue d'elle seule que nous devrons nous placer pour apprécier si l'hypothèque a été rendue suffisamment publique? Les partisans de la loi territoriale, M. Laurent le premier, considèrent l'hypothèque comme tout simplement clandestine du moment qu'elle a été publiée suivant un statut étranger, quel qu'il soit. Il faut reconnaitre que l'opinion de la *lex fori* gagne peu à s'exprimer sous cette forme. Car, à supposer que la publicité de l'hypothèque soit plus rigoureusement réglementée dans certain pays qu'en France, on ne pourrait considérer l'hypothèque publiée suivant les règles de ce pays comme moins publique que celle publiée en France suivant des règles, par hypothèse, moins minutieuses. La vérité, c'est que la question de publicité est une question à résoudre en fait. Il faut, et il suffit, comme le dit très bien M. Desjardins, « que les tiers aient été mis à même de discerner l'existence d'un droit réel, supérieur au droit des chirographaires » (1).

(1) V. p. 473. — Voir aussi sur cette question une brochure de M. WAUTRAIN CAVAGNARI, Gênes, décembre 1882, et le jugement du tribunal civil de Marseille du 4 avril 1881, précité.

M. Labbé fait, pour écarter la *lex fori*, un rapproche-ment qui corrobore, à son sens, les raisons tirées de la nécessité des choses. « Quand un territoire change de nationalité, dit-il, rapportant l'opinion générale de la doctrine, tous les actes accomplis en légalité parfaite avant le changement conservent, après, leur force et leur vigueur. De même, le passage d'une juridiction à une autre peut avoir une influence sur la procédure à suivre ultérieurement, mais ne doit pas altérer la validité des actes antérieurement accomplis » (1). L'écrivain n'hésite pas à appliquer ce raisonnement aux navires, qui sont, d'après lui, des meubles dont le régime est indépendant du lieu où ils se trouvent. Nous donnons pour ce qu'il vaut ce raisonnement par analogie : il est, dans tous les cas, intéressant et ingénieux.

En définitive, la règle à poser en matière de conflits de lois relatifs aux formes de l'hypothèque maritime peut se ramener à deux idées fort simples : pour les navires français, comme pour les navires étrangers, la loi locale régit les formalités contemporaines de la constitution du droit ; les formalités destinées à en assurer la publicité sont toujours gouvernées par la loi du pavillon (2).

Le congrès maritime de Bruxelles de 1888, après mille hésitations, est arrivé à poser les mêmes principes. Car, au 2° de l'article premier du projet, ainsi conçu : « La loi du pavillon servira à déterminer... les formalités à remplir

(1) Voir SIREY, 1881, 2, 225, sous l'arrêt de Grenoble du 11 mai.

(2) Voir encore sur cette question dans le sens de la loi du pavillon en général : DESPAGNET, p. 584 ; SARRUT, *Loi du 22 mai 1881* ; MILHAUD, p. 327 et suiv. ; RENAULT, *Revue critique*, 1881, p. 485 ; LYON-CAEN et RENAULT, II, n° 2518.

pour l'acquisition, la transmission et l'extinction des droits réels dont le navire est susceptible », M. Lyon-Caen, l'ardent défenseur de la loi nationale du navire, a fait ajouter cette restriction : « Sauf ce qui est dit au paragraphe 7 ci-dessus », lequel paragraphe observe, *in fine* : « Sauf à se conformer, *quant aux formalités préalables et à la forme des actes*, soit à la loi du pavillon, *soit à la loi du lieu où s'accomplissent ces opérations* » (1). Le projet présenté en premier lieu disait seulement : « Quant à la forme des actes... », et par la courte variante qu'il a fait introduire, M. Lyon-Caen a bien marqué (et l'on peut voir son intention expliquée dans la discussion en assemblée générale) qu'il y avait lieu de traiter différemment les formalités originelles et les formes de publicité. Une observation de M. Danjon, faite au cours des débats, donne à cette idée tout son relief : « C'est dans le pays du navire, dit-il, c'est au port d'attache que les formalités régulièrement s'accomplissent ; c'est là en quelque sorte son acte d'état civil. Quand on se trouvera dans le cas d'exception du numéro 7, il y aura une lacune dans les registres de l'état civil du navire, et je me demande si on ne pourrait pas compléter ce numéro en disant que, des droits réels ayant été créés sur le navire en cours de voyage et avec les formalités du pays dans lequel le navire se trouve en ce moment, il y aura, au retour du navire dans son pays d'origine, des formalités à remplir pour régulariser la situation et compléter les registres du port d'attache. D'après le

(1) Voir séance du 2 octobre 1888, p. 119 et suiv. ; séance du 8 octobre 1888, p. 153 et 154.

droit civil français, quand des Français se marient à
l'étranger, ils doivent, à leur retour en France, régulariser
leur état civil. » Le Code de commerce de l'Uruguay a
posé expressément le principe : « Les contrats hypothé-
caires passés en pays étranger, lit-on dans l'article 768,
produisent hypothèque sur les biens situés dans la République (et l'ordre du Code prouve qu'il s'agit de l'hypothèque
maritime aussi bien que de l'hypothèque civile), *pourvu
qu'ils soient inscrits sur le registre légal.* » (1).

Ainsi, la doctrine la plus récente est favorable à la validité de l'hypothèque constituée dans la forme locale et
rendue publique dans la forme prescrite par la loi nationale
du bâtiment. Mais tout n'est pas dit lorsque l'hypothèque
constituée à l'étranger est déclarée bonne et valable en
France. Des auteurs et la jurisprudence elle-même opposent
encore d'autres barrières à la réalisation de droits régulièrement établis hors du territoire. Ces droits, déclarent-
ils, sont incontestables, mais ils sont tels quels inefficaces
et inopérants tant que la justice française ne les a pas
rendus exécutoires par la formalité de *l'exéquatur*. Nous
n'entrerons pas dans la discussion de ce système : elle nous
entraînerait trop loin de notre sujet. Nous nous bornerons
à l'indiquer en renvoyant à la doctrine et à la jurisprudence
pour la solution à chercher (2). Disons seulement que, si un

(1) Nous laissons naturellement en dehors de cette théorie tout ce qui a
trait aux formalités *habilitantes*, se rapportant à la capacité des parties et
régies sans contredit par la loi personnelle de celles-ci (voir DEMOLOMBE,
I, n° 105).

(2) Voir VINCENT et PENAUD, *Dictionnaire du Droit international privé*,
v° *Privilèges et hypothèques*, n°s 102 et suiv., p. 697.

jugement peut être nécessaire pour arriver à la saisie, nous ne voyons pas pourquoi on l'exigerait pour la simple admission du droit, comme cela a pourtant été soutenu : car seule la saisie a besoin d'un acte exécutoire pour être opérée (1).

Les formes relatives à la constitution et à la conservation de l'hypothèque maritime relèvent, en résumé, de la loi locale ou de la loi du pavillon suivant la catégorie de formes dont il s'agit. Il reste à en dire autant des formalités relatives à son extinction. Toutes celles que la loi a prescrites dans un but de publicité, notamment la radiation de l'inscription, seront gouvernées par la législation du navire. Celles, au contraire, qui n'ont trait qu'à la convention des parties sont soumises facultativement à l'empire des lois locales. Mêmes raisons de décider, même solution imposée ici encore par la nature même des choses.

La marche de notre étude nous amène maintenant au commencement de l'article 195 du Code de commerce, dont le premier alinéa énonce : « La vente volontaire d'un navire doit être faite par écrit et peut avoir lieu par acte public ou par acte sous signature privée. » A ce texte il faut joindre les articles 17 et 18 de la loi du 27 vendémiaire an II, où l'on lit : « Art. 17. — Les ventes de partie du bâtiment seront inscrites au dos de l'acte de francisation par le préposé du bureau. — Art 18. — Toute vente de bâtiment ou de partie de bâtiment contiendra la copie de l'acte de francisation » (2). Et l'article 154 du règlement général de

(1) Voir LYON-CAEN, *Études de Droit intern. privé maritime*, n° 38.
(2) Voir DUVERGIER, *Lois, décrets et ordonnances*, VI, p. 236.

1866 reproduit ainsi l'article 17 de la même loi : « La vente de tout ou partie du bâtiment est inscrite au dos de l'acte de francisation par le chef du bureau des douanes, qui en tient registre ». D'où la doctrine et la jurisprudence concluent que la vente, pour valoir entre les parties, doit seulement être faite par écrit, tandis que, pour être opposable aux tiers, il faut qu'elle soit transcrite en douane et mentionnée sur l'acte de nationalité du bâtiment (1). La question qui se pose au point de vue international est donc double, comme pour l'hypothèque : nous l'examinerons donc tour à tour sous les deux mêmes aspects.

Entre parties, la vente des navires doit obéir, en ce qui concerne soit la validité, soit la preuve du contrat, aux règles ordinaires qui régissent les conventions en général. Si donc l'on suppose qu'un navire français est vendu à l'étranger, ou qu'un navire étranger est vendu en France, ou encore qu'un navire étranger est vendu à l'étranger, ce sera d'après la loi du lieu de l'acte que les formes de cet acte devront être déterminées, sans qu'on doive tenir compte de la loi des parties ou de la loi du lieu où la vente pourra un jour être invoquée. Mais il est plus difficile de décider si la règle *locus regit actum* doit être considérée, en pareil cas, comme obligatoire. Si l'on suppose qu'une vente sous seing privé a été passée entre Français dans un pays, tel que l'Espagne, où la forme authentique est exigée, il n'y aurait aucune bonne raison pour ne pas permettre aux tribunaux français de valider un pareil acte, car il n'y en aurait aucune pour méconnaître en France un contrat rem-

(1) Voir DALLOZ, *Code de commerce annoté*, art. 195, nᵒˢ 10 et 16.

plissant les conditions voulues par la loi française, par cette
seule considération, indifférente en soi, qu'il a pris naissance
hors du territoire. Le juge ne peut apprécier de façon
diverse la valeur de deux actes qui se présentent sous la
même forme (1). A l'inverse, si la vente a lieu en France
entre étrangers, elle pourra fort bien valoir sous seing privé
dans le pays dont les parties sont originaires, si les lois de
ce pays imposent à l'acte l'authenticité. Il est même admis
que l'article 195 de notre Code de commerce, qui exige la
rédaction d'un écrit, ne devra être appliqué qu'aux ventes
conclues en France et non à celles passées en pays étranger, même si elles ont pour objet des navires français, de
telle sorte que tous les modes de preuve du droit commun
seront accessibles pour la justification du plus important
peut-être des contrats maritimes, et ce sans limitation de
taux. Ainsi, en Allemagne et aux États-Unis, aucun acte
n'est indispensable pour assurer la transmission de la propriété du vendeur à l'acquéreur (2). Le navire français,
vendu sans écrit dans les eaux de ces puissances, le serait
donc efficacement dans les rapports des contractants entre
eux, même devant la justice française. Quelles que graves
que puissent paraître les conséquences de ce système, le
premier alinéa de l'article 195 ayant tout l'air d'une disposition d'ordre public, nous pensons que les principes l'imposent et que la nécessité le recommande. Il est, en effet,
reconnu que l'aveu peut, en cette matière, suppléer l'écrit (3) :

(1) Voir DESJARDINS, I, p. 174.
(2) Voir DESJARDINS, I, p. 148.
(3) DALLOZ, J. G., v° *Droit maritime*, n° 91.

ne s'ensuit-il pas que la condition de l'écrit ne constitue pas une condition absolue, à défaut de laquelle la preuve de la convention serait impossible ? En outre, nous nous sommes déjà expliqué sur l'influence du caractère d'ordre public des dispositions législatives au point de vue de leur application aux actes passés à l'étranger, et nous avons dit que ce caractère n'aurait nullement pour effet de les rendre applicables dans tous les cas à ces derniers actes. Enfin, il n'y a aucune raison pour soustraire les ventes de navires à la règle que l'on applique à la vente ordinaire (1).

La cour de Caen, dans un arrêt du 7 février 1878 (2), s'est prononcée pour la *lex loci* dans une espèce où un acte de vente, destiné à réaliser un nantissement, avait été passé suivant les formes du pays de l'acte. La question se posait de savoir si le contrat, passé en Angleterre devant un notaire, mais en l'absence de l'acheteur, pouvait être reconnu en France, le navire se trouvant dans les eaux françaises lors de sa conclusion. La cour admit l'affirmative par cette simple considération qu'il « était naturel « que X..., résidant en Angleterre et seul intéressé à l'acte, « le fît rédiger en Angleterre selon la formule admise dans « ce pays, conformément à la règle *locus regit actum* ; « qu'à la vérité, Y... et Cⁱᵉ n'y assistaient pas; mais que, « d'après la loi anglaise, la remise en leurs mains de ce « même acte et l'enregistrement qu'ils en ont fait à la « douane du Havre pour obtenir le congé provisoire, cons-

(1) Voir VINCENT et PENAUD, *Dictionnaire du Droit international privé*, vᵒ *Vente*, nᵒ 5.
(2) SIREY, 79, 2, 5.

« tituaient de leur part une acceptation valable, suivant
« la législation de l'Angleterre ». On le voit, le principe
est posé dans des circonstances qui ne permettaient pas de
le dégager à la vive lumière, du moment que la disposition
de l'article 195, la rédaction d'un écrit, se trouvait satis-
faite ; mais il n'en est pas moins expressément affirmé.
Quoique les formes exigées par les lois anglaises soient
différentes de celles qu'exigent les nôtres, la vente est
déclarée valable parce qu'il a été satisfait aux règles
locales (1).

Bien autrement délicate et importante est la question de
savoir quelle législation doit être appliquée aux formalités
exigées pour rendre la vente opposable aux tiers. Car c'est
surtout pour éviter les aliénations frustratoires à l'étranger
que les législateurs de presque tous les pays (2) ont soumis la
vente des navires à certaines prescriptions ayant pour but
de rendre publics les changements de propriété dont ils
sont l'objet. En France, ces prescriptions servent, du même
coup, à assurer l'exécution de la loi qui exige la dénationalisation de nos navires lorsque des étrangers s'en portent
acquéreurs pour plus de moitié de leur valeur (3). Il y
a donc un intérêt considérable à déterminer par quels prin-

(1) Rapprocher, sur l'application de la loi locale : *Revue intern. de Droit
maritime*, 11, p. 859.

(2) Voir LYON-CAEN, *Études de Droit intern. privé maritime, Journal du
Droit intern. privé*, 77, p. 482.

(3) Il y a controverse sur le point de savoir si les prescriptions de la loi
de vendémiaire ont été édictées dans un intérêt purement administratif et
politique ou s'il faut les considérer comme une condition de la validité de la
vente à l'égard des tiers. La question est résumée dans Ruben de Couder,
Dictionnaire de droit commercial, v° *Francisation*, n°s 44 et suiv.

cipes ces prescriptions devront être gouvernées au point
de vue international (1).

On pourrait, à cet égard, distinguer suivant qu'un navire
français est vendu à l'étranger ou qu'un navire étranger est
vendu en France, ou enfin qu'un navire étranger est vendu à
l'étranger. Mais, sans entrer dans l'examen de cette triple
hypothèse, on peut dégager l'idée générale qui doit en fournir la solution. Dans une étude consciencieuse et complète,
M. Lyon-Caen passe en revue les diverses lois dont l'application lui paraît possible, et il ne donne son attention
qu'à la loi de la situation du navire et à celle du pavillon,
qu'il adopte ici comme ailleurs. Quant à la loi des parties
et à la loi locale, il n'en parle que pour mémoire, et, de fait,
ni la doctrine commune ni la jurisprudence ne paraissent y

(1) Il importe cependant de remarquer que les formalités dont il s'agit ne
sont pas nécessaires dans tous les cas, comme cela résulte du rapprochement
des articles 193 et 195 du Code de commerce. D'une part, en effet, le droit
de suite des créanciers du navire ne s'éteint pas lorsque la vente a lieu en
voyage, et, de l'autre, il s'éteint lorsque le navire a terminé un voyage en
mer sous le nom et aux risques de l'acquéreur et sans opposition des créanciers, et il a été jugé (Cass., 10 mars 1864. *D. P.*, 64, 1, 161) que cette
condition ne se suffit pas à elle-même et qu'il faut y ajouter l'observation des prescriptions du décret du 27 vendémiaire an II. Par conséquent, la question de savoir, au point de vue des navires français, si les
prescriptions du décret précité doivent être accomplies pour que la transmission de propriété soit opposable aux tiers, ne se présente que dans
l'hypothèse où le navire vendu a déjà fait un voyage pour compte de l'acheteur, car, si cette condition n'était pas remplie, l'accomplissement des formalités de publicité serait absolument inutile pour fortifier les droits du nouveau propriétaire. Mais il en est autrement lorsque les créanciers qui font
valoir leur privilège sont postérieurs à la vente. Comme ces créanciers n'ont
aucun droit de suite, ils auront intérêt à opposer à l'acquéreur l'absence
de transcription et des autres formalités (Voir DALLOZ, *J. G.* v° *Droit
maritime*, n° 19).

avoir songé plus que lui. C'est qu'il ne s'agit pas ici d'une question d'état ni de capacité et que nous ne sommes pas en matière de statut personnel ; et, si nous sommes bien, quoi qu'on ait pu dire (1), en matière de forme, les formalités qui nous occupent ont ce caractère particulier, qu'ayant trait à la publicité des actes, elles doivent rester indépendantes du lieu où ces actes sont passés (2). Théoriquement, la seule solution satisfaisante serait l'application de la *lex rei sitæ*, qui est celle qu'on applique communément aux formalités destinées à rendre publics les actes translatifs de droits tant sur les meubles que sur les immeubles. Mais le navire n'est ni un immeuble ni un meuble ordinaire, puisque, d'une part, il se déplace et que, de l'autre, il est soumis à des règles que comportent seuls les immeubles, et l'on peut dire qu'il est, en quelque sorte, à la fois meuble et immeuble suivant l'aspect sous lequel on l'examine et suivant les rapports de droit dont il est l'occasion. Si, par nature, il est mobilier, il est fictivement immobilier, et, comme tel, le statut dont il dépend est le statut *réel*. Et, puisque les règles de publicité dont sa transmission est l'objet sont précisément des règles que le droit commun n'applique qu'aux immeubles, il faut de toute évidence, lorsqu'il s'agit de lui faire application de ces règles, le traiter comme immeuble, le *réaliser* si l'on peut dire et l'immobiliser, par fiction, au lieu où son état civil le rattache. En un mot, c'est par la loi du pavillon seule que doivent être

(1) Voir VINCENT et PENAUD, *Dictionnaire du Droit international privé*, v° *Forme des actes.* n° 31.

(2) Voir LAURENT, *Droit civil international.* 11, n° 262.

régies les formalités dont l'accomplissement rend les ventes de navires valables *ergà omnes*. Leur appliquer une autre loi, ce serait leur faire manquer leur unique but. Si un navire français pouvait être vendu à l'étranger sans que la mutation fût enregistrée à la douane de son port d'attache, où les tiers iraient-ils chercher des renseignements sur l'état de propriété de ce navire ? Le registre étranger ne pouvant évidemment recevoir l'inscription d'un navire français, les acquéreurs ultérieurs et en général tous ceux qui traiteraient dans la suite avec le navire seraient dans l'impossibilité de se garantir contre le danger d'éviction. Si, au contraire, il leur suffit de consulter les couleurs du bâtiment pour pouvoir se renseigner sur les droits qui le grèvent, ce danger se trouve par là même écarté.

Le conflit de lois ne porte pas, la plupart du temps, il convient de le remarquer, sur la nécessité ou l'inutilité du fait même de la transcription, puisque, ainsi que nous l'avons signalé, la plupart des législations modernes ont organisé une sorte de transcription des ventes de navires (1). L'application de la règle *locus regit actum* elle-même ou de la *lex rei sitæ* aboutirait le plus souvent à l'observation de la loi nationale du bâtiment. Lors, par exemple, que la loi anglaise exige l'inscription au *Registrar* de tous changements de propriété sur les navires, elle ne vise bien évidemment que les navires anglais ; mais on peut, dans un certain sens, dire que c'est en vertu même de cette loi que les ventes passées en Angleterre entre parties non anglaises

(1) Voir DESJARDINS, I, p. 161. Voir aussi : *Revue intern. du Droit maritime*, II, p. 438.

ou sur des navires portant un autre pavillon que le pavillon britannique, mais se trouvant dans les eaux anglaises, doivent être l'objet d'un enregistrement à leur port national d'attache. En d'autres termes, la loi locale et la loi du pavillon concourront, en pareil cas, par ce seul fait que leurs prescriptions se confondent.

La question se pose donc plutôt en ce qui concerne le mode de l'enregistrement, lequel ne peut être régi que par la loi du pays où est tenu le registre sur lequel cette opération s'effectue. Mais elle se pose surtout pour les formalités admises par certaines législations à l'exclusion de certaines autres, ce qui se présente notamment pour la mention de la vente au dos de l'acte de nationalité, que n'exigent, entre autres, ni la loi anglaise (1) ni la loi américaine des États-Unis. Lorsqu'un navire français sera vendu en Angleterre ou aux États-Unis, la mention ci-dessus sera-t-elle nécessaire pour le transfert de la propriété vis-à-vis des tiers, et ceux-ci pourront-ils en France en opposer l'inaccomplissement à l'acquéreur (2) ?

La difficulté a été soulevée telle quelle devant le tribunal civil de Dieppe le 26 mai 1876. Il s'agissait d'un navire anglais, acheté pour partie en Angleterre sans que la vente ait été inscrite sur l'acte de nationalité. Les créanciers du

(1) C'est du moins l'opinion de Maclachlan, mais il y a une vive controverse sur ce point et la cour de Rouen a jugé le contraire le 8 mars 1857 (voir DESJARDINS, I, note de la page 162).

(2) La même question se présente à l'occasion de la copie de l'acte de francisation dans le contrat de vente, car cette formalité, ayant pour but de renseigner la douane sur l'identité du navire, n'est qu'un accessoire de la transcription.

vendeur, qui le saisissaient en France, refusaient de reconnaître une mutation qu'ils disaient leur être inopposable dans ces conditions. Le jugement maintint le droit de suite de ces créanciers par ces considérants : « Attendu qu'il
« est de principe que les étrangers sont soumis en France
« aux lois qui règlent les droits de gage, de suite et de
« préférence, ainsi que les voies d'exécution ; qu'ils peu-
« vent, dans ce dernier cas, invoquer le bénéfice des lois
« françaises et qu'ils doivent, par réciprocité, supporter
« les dispositions qui leur sont défavorables ; qu'on doit
« spécialement décider que les dispositions du décret de
« vendémiaire an II et du Code de comme. se trouvent leur
« application rigoureuse lorsqu'il s'agit de maintenir et de
« protéger le droit d'affectation spéciale, édicté dans l'in-
« térêt du crédit maritime ; que ces textes ont été inspirés
« par des principes de haute moralité commerciale ; que
« les interpréter autrement, ce serait donner, surtout à des
« étrangers, la faculté de se créer en France un crédit
« fictif, en restant propriétaires apparents de navires qu'ils
« auraient vendus ; que c'est, dans ce cas, aux acquéreurs,
« qui veulent se défendre contre les créanciers français de
« leur vendeur, à sauvegarder leur acquisition, en se con-
« formant aux prescriptions des textes susvisés ; que cette
« interprétation a l'avantage de concilier le respect de la
« propriété avec les droits des tiers » (1). Voici donc appa-
raître l'application d'une nouvelle loi, la *lex fori*, aux formes
de la vente maritime. Cette application nous semble pour
le moins hardie. Sans doute, on peut soutenir que les règles

(1) SIREY, 77, 2, p. 120.

de publicité sont d'ordre public, mais il faut se rappeler que celles-ci n'obligent que ceux qui contractent sur le territoire. Or, en l'espèce, non seulement la vente avait eu lieu en Angleterre, mais encore l'une et l'autre des parties étaient anglaises et le navire lui-même portait le pavillon britannique. Les créanciers français n'étaient-ils donc pas suffisamment avertis ? Ils n'avaient qu'à consulter les registres de la douane anglaise, l'acte y avait été dûment transcrit. La loi du pavillon et la loi locale, qui se confondaient, avaient été également satisfaites. Et le tribunal prétendait faire dépendre le sort d'une mutation aussi régulière de cette circonstance que le navire était saisi dans les eaux françaises ! Quelle sécurité pour les acquéreurs, s'il leur fallait, pour rendre leur droit définitif et certain, procéder à l'accomplissement de toutes les formalités spéciales organisées dans les divers pays où le navire voyagera désormais !

La décision confirmative de l'arrêt de Rouen (1) n'est pas davantage soutenable. Elle se fonde, pour déclarer la vente inopposable aux tiers, sur l'application expresse de la *lex rei sitæ* : « Attendu, dit-elle, que le navire, au moment de la « saisie, était mouillé dans le port de Dieppe ; que, d'après « l'article 3 du Code civil, les immeubles, même ceux pos- « sédés par des étrangers, sont régis par la loi française ; « que c'est là une conséquence du principe de la souverai- « neté ; qu'il en doit être de même des meubles dès qu'ils « reposent sur le sol français... ». L'arrêt entend donc appliquer aux navires la législation applicable aux meubles

(1) Sirey, 77, 2. p. 181.

ordinaires, c'est-à-dire la législation de leur situation ; mais il entend par là leur situation, non pas au moment de la vente, mais au moment où le droit du vendeur est invoqué, ce qui est incontestablement contraire, non seulement au bon sens, mais aux principes mêmes du droit international. Mais la cour ne s'en tient pas là : « Attendu, poursuit-elle, « qu'on invoque la règle *locus regit actum*, laquelle ne « serait que la consécration du respect que les nations se « doivent mutuellement ; mais que cette règle, qui n'est « d'ailleurs inscrite dans aucune loi, ne s'applique qu'aux « formalités extrinsèques et purement instrumentaires des « actes ; qu'elle est étrangère au fond du droit, dès lors à la « transcription, un des modes d'après lesquels la propriété « peut être transférée au respect des tiers ; qu'en pareil cas, « chaque législation, sur son territoire, demeure souve- « raine... ». Bien que la thèse contenue dans ces phrases ait été soutenue par nombre d'auteurs, ainsi que nous l'avons dit, nous nous refusons formellement à la consacrer. Qu'on repousse l'application de la règle *locus regit actum* toutes les fois qu'on se trouve en matière de publicité et qu'il pourrait y avoir inconvénient à l'adopter, rien de mieux. Mais vouloir prouver que la transcription est, non pas une formalité, mais un mode proprement dit de transmission, n'est-ce pas une pure logomachie ? (1)

Pour résumer la critique des deux décisions qui précèdent, nous ne saurions mieux faire que de citer à nouveau

(1) M. JACOBS distingue, lui, les formalités extrinsèques et les formalités intrinsèques et fait de cette distinction la base qui doit servir à déterminer la loi applicable (voir *Le Droit maritime belge*, I, p. 74 et suiv.).

M. Lyon-Caen: « La cour de Rouen a méconnu un principe tutélaire généralement admis dans le droit international privé : les droits acquis sur un meuble conformément aux lois d'un pays ne peuvent être considérés comme disparaissant par suite du transport de ce meuble dans un autre pays. Sans cela, il y aurait, au grand détriment des relations internationales, une iniquité analogue à celle résultant de l'effet rétroactif donné à une loi. Ainsi, quelle que soit la théorie générale qu'on adopte, si une vente d'un navire anglais, se trouvant en Angleterre, a été faite avec les formalités prescrites par la loi anglaise, elle a rendu l'acheteur propriétaire *ergà omnes*, et il ne serait pas admissible que son droit disparût, qu'il cessât d'être réputé propriétaire à l'égard des tiers, à raison de ce que le navire est passé en France où la loi est différente de la loi anglaise » (1). En l'espèce, le conflit ne s'élevait pas entre la loi du pavillon et la loi locale, mais entre ces lois, qui se confondaient, et la loi du tribunal saisi. Si, modifiant l'hypothèse, on supposait que le marché eût porté sur un navire français, les parties restant anglaises (ce qui peut fort bien se concevoir si la vente a lieu entre copropriétaires anglais, représentant des parts inférieures à la moitié de la propriété du bâtiment), la loi du pavillon, se confondant alors avec la *lex fori*, se trouve en présence de la loi du lieu de l'acte. Laquelle appliquer ? Il n'est pas douteux que la publicité de la mutation nécessitera la transcription du contrat aux bureaux de la douane française, puisque c'est là que le navire est immatriculé. Mais on pourrait se

(1) *Loco citato*, p. 402.

demander si, dans ce cas spécial, il n'y aurait pas quelque abus à exiger l'inscription sur l'acte de francisation. Il faut répondre négativement, car, le jour où l'acquéreur voudra obtenir un congé provisoire, il devra présenter à la douane française un écrit contenant copie de cet acte, et c'est la douane qui prendra d'office l'inscription (1).

D'une façon générale donc, toutes les fois que la loi locale est distincte de la loi du pavillon, c'est-à-dire toutes les fois que le contrat est passé dans un pays autre que celui de la nationalité du navire, quel que soit à ce moment le lieu où il se trouve, il nous paraît non contestable que les formalités qui, par la nature même des choses, doivent être remplies au port d'attache, relèvent de la loi nationale du bâtiment. Car le mode d'accomplissement de ces formalités ne peut, bien évidemment, être réglé que par la législation du lieu où elles sont faites. D'autre part, les créanciers du navire, s'ils ne sont pas toujours des nationaux par rapport à lui, sont tout naturellement portés à se renseigner au port d'attache sur son état hypothécaire, de même que ceux qui traitent avec le propriétaire, d'un immeuble consultent les registres du bureau hypothécaire de l'arrondissement de cet immeuble. Si l'on sacrifie ici le principe protecteur des actes passés en la forme locale, c'est par une nécessité devant laquelle une règle, qui est surtout de droit coutumier, doit inévitablement fléchir. Et cette nécessité s'applique aussi bien à l'inscription

---

(1) On peut citer, pour mémoire, un jugement du tribunal de commerce du Havre, du 14 août 1877, qui a tranché dans le même sens et par les mêmes motifs la même question (*Journal du Droit intern. privé*, 77, p. 493).

sur l'acte de nationalité qu'à la transcription en douane. Car, si l'on peut dire que cette formalité, n'étant pas prescrite par toutes les législations, ne présente pas le même caractère d'absolu besoin que l'autre, on ne saurait nier qu'elle constitue au plus haut point un moyen de publicité, et le plus pratique de tous, puisqu'il est obtenu par un document qui voyage avec le navire et qui prolonge au delà du port d'attache et à travers les mers son état de propriété. Aussi faut-il souhaiter le voir adopter par toutes les nations et doit-on, dans un but d'unification législative, qui est le premier de tous en matière de publicité, le soumettre exclusivement à la loi du pavillon. On ne peut faire autrement, d'ailleurs, du moment qu'on décide de soumettre à cette loi la transcription en douane. L'inscription sur l'acte de nationalité est le corollaire de la transcription et, lorsque les parties auront fait opérer celle-ci à la douane du port d'attache, elles ne sauraient ensuite invoquer l'ignorance d'une législation à laquelle elles se seraient déjà référées (1).

Ces idées étant admises, il n'y a plus lieu de s'occuper des distinctions que l'on rencontre dans la doctrine, laquelle envisage séparément le cas où la vente est passée au consulat et celui où elle est passée hors de la chancellerie (2). Dans notre système, elle est de toute façon régie par la loi du navire, et tout ce qu'on peut ajouter à cette proposition, c'est que les consuls devront faire l'application

(1) On doit en dire autant de la copie de l'acte de francisation, qui, d'après la loi française, doit être annexée au contrat de vente.
(2) Voir notamment DESJARDINS, I, p. 173.

de cette loi même lorsque le navire passera par la vente en des mains étrangères, la dénationalisation devant être, dans tous les cas, constatée sur la matricule des bâtiments de commerce et les pièces qui se trouvent à bord envoyées, à cet effet, à l'autorité du pays d'attache (1).

Reste une formalité, prescrite par l'ordonnance du 29 octobre 1833, à savoir l'annexion au contrat du pouvoir donné au capitaine pour vendre et l'attestation par le consul de la régularité de ce pouvoir. A cet égard, il y aura deux raisons pour une d'appliquer la loi du navire, puisque l'intervention du consul est prescrite par la plupart des législations et que, d'autre part, il s'agit d'une mention relative à une question de capacité, qui, comme toutes ces questions, ne peut être régie que par la loi personnelle de l'intéressé. On ne concevrait, d'ailleurs, pas que cette formalité, qui n'est requise que dans l'intérêt de l'armateur, pût dépendre du lieu où serait vendu le navire ; s'il en était ainsi, autant vaudrait simplement la supprimer.

La doctrine professe généralement, à l'endroit des formes de la vente qui tendent à la rendre publique, l'opinion que M. Lyon-Caen a si éloquemment étayée et que nous lui empruntons. On la trouve aussi dans une dissertation de M. Labbé, sous un arrêt de Caen du 12 juillet 1870 (2), dont nous avons parlé plus haut à l'occasion du nantissement. Disons toutefois que les faits sur lesquels porte

(1) Voir un arrêt du Conseil d'État du 8 janvier 1875 ; D. P., 75, 3, 116.
(2) SIREY, 71, 2, 57. — Voir aussi DESPAGNET, n° 544 ; LYON-CAEN et RENAULT, n° 1493 ; ASSER et RIVIER, p. 217.

cette dissertation n'étaient pas de nature à faire surgir le conflit des lois dans sa plénitude. Il s'agissait, en effet, d'un *mortgage* sur navire anglais, transcrit à la douane anglaise, mais non inscrit sur les papiers du bord ; seulement, l'arrêt constate que, conformément à un acte législatif de 1854, le certificat délivré au capitaine portait une note indiquant aux tiers que cet acte ne formait pas titre et ne constatait pas officiellement les droits établis sur le navire. Il est bien certain que cette note peut être considérée comme suppléant l'inscription au dos de l'acte de nationalité, puisqu'elle a pour effet de renvoyer les parties qui consultent cet acte aux registres où tous les droits ont été transcrits.

La règle *locus regit actum* a pourtant un partisan des plus autorisés dans M. de Valroger, qui s'exprime ainsi : « La thèse de la loi du pavillon, renfermée dans certaines limites, est assurément séduisante ; elle est simple et rationnelle. Toutefois, elle n'a pas encore été reçue et acceptée comme une règle du droit international. Il est, au contraire, une autre règle très sage, depuis longtemps consacrée, qui paraît avoir ici son application. C'est la règle que la forme des actes est déterminée par la loi du lieu où ils ont été passés ». Mais plus loin : « Il faut reconnaître toutefois que, dans ce système, les tiers ne seront pas toujours sûrement renseignés, car, s'ils ne connaissent pas la mutation, ils ne connaîtront pas, par là même, le pays où elle a eu lieu et ne pourront, en conséquence, en vérifier la régularité au point de vue de la loi de ce pays ; tandis que, la nationalité d'un navire étant toujours connue, il sera facile aux tiers de se renseigner sur l'état de la propriété, si l'on applique ici la loi du pavillon. Faisons donc des vœux pour que cette règle soit définitivement acceptée par le droit international » (1). Si M. de Valroger revient à la règle *locus regit actum*, on voit que c'est par scrupule et qu'il sent fort bien que la nature des choses répugne à son application en matière de publicité. Il oublie que cette règle n'est que la consécration d'un usage et qu'on n'est, en conséquence, tenu de l'appliquer que dans la mesure où cet usage peut être considéré comme ayant force de loi.

M. Desjardins, qui paraît adopter en thèse générale la loi locale, n'établit pas suffisamment la distinction indispensable entre les formalités dont l'accomplissement rend le contrat définitif entre les parties et celles qui le rendent tel vis-à-vis de tous (2). C'est ainsi qu'après avoir rappelé que certains codes soumettent expressément la vente des navires en France à la loi française lorsque l'acquéreur est Français, il ajoute : « Quand le statut étranger ne tranche-

(1) I, p. 209.

(2) Le 23 mai 1892, la Cour de cassation a jugé que l'acte passé à l'étranger, est soumis, quant à sa forme, à la loi du lieu, sans qu'il y ait à distinguer entre le cas où le débat s'élève entre les parties et celui où il s'agite entre elles et les tiers (*Journal du droit international privé*, 92, p. 1176, et la note). Il importe de remarquer que cette décision, qui statue en thèse générale, n'infirme en rien le système que nous soutenons ci-dessus, car il s'agissait seulement, en l'espèce, de savoir si l'acte était opposable aux tiers bien qu'il ne fût établi que par témoins, genre de preuve admis par la loi du pays où il avait été conclu. On conçoit qu'un pareil acte puisse être tenu pour suffisamment établi en tous pays, tandis qu'on ne comprendrait pas qu'un droit sur un navire pût être considéré comme connu de tous lorsque les formes spéciales, qui sont une condition *sine quâ non* de sa publicité, n'ont pas été accomplies.

rait pas cette question de droit. l'acheteur français est assurément tenu de suivre les lois de sa patrie, qui seules
l'obligent » (1). Il est certain que, si la loi du pavillon ne
prescrit aucune mesure de publicité, l'acquéreur n'aura
qu'à remplir en France les formalités requises par notre
législation, et les créanciers étrangers n'auront rien à dire
si, ayant traité après la vente, ils se trouvent à découvert
par suite de l'absence des mesures de protection organisées par leurs propres lois. Mais, si, au contraire, la loi
du pavillon exige une transcription en douane ou tout au
moins une mention constatant la dénationalisation du
navire, il faudra bien rendre l'acheteur garant envers les
tiers de l'accomplissement de ces règles, sous peine de
valider une mutation clandestine. Aussi l'auteur, examinant plus loin le cas où un Italien vend en France un navire
italien à un Français sans se conformer aux prescriptions
de la loi italienne, d'après laquelle la vente à l'étranger doit
être passée devant le consul et transcrite à la chancellerie,
décide-t-il que, dans cette hypothèse, le transfert de propriété ne sera pas opposable aux créanciers italiens. La formule donnée tout d'abord était donc trop absolue.

L'écrivain en reproduit le sens lorsqu'il envisage l'achat
d'un navire étranger à l'étranger par un Français : « Ce
Français, dit-il, devra se conformer au statut du pays où
s'effectue la vente. Toutefois, si les tribunaux français
apprécient seuls la validité du contrat, il suffira que les
contractants se soient conformés à la loi française ». L'acte
serait donc régi par la règle *locus regit actum* et faculta-

(1) I, p. 175.

tivement par la *lex fori*, ce qui n'est bien évidemment admissible que pour les formalités requises entre les parties seules. Si l'on fait dépendre l'accomplissement des règles de publicité de la loi du lieu où la vente est opérée ou invoquée, on s'expose, non seulement à sacrifier les intérêts des tiers, mais encore à sanctionner des contrariétés de jugements dont l'unité législative internationale ne peut s'accommoder. Lors, en effet, que le navire est vendu se trouvant dans des eaux étrangères et que sa loi nationale diffère de la loi du lieu du contrat ou de la loi du lieu du litige, l'application d'une de ces dernières peut être la négation des règles édictées par la loi du pavillon, et, si l'on n'adopte pas une loi unique, il faudra considérer l'acte comme valable *ergà omnes* dans un pays et nul dans un autre. Ce résultat peut être juridique, la valeur d'un contrat pouvant être relative puisqu'elle est divisible; mais il faut reconnaître qu'il est peu pratique et peu recommandable entre nations.

C'est pourtant celui que la jurisprudence française consacre. Par une méconnaissance arbitraire des notions fondamentales qui sont la base des rapports internationaux, elle écarte, ainsi que nous l'avons déjà vu, la loi du pavillon à l'égard des navires étrangers, alors qu'elle applique la loi française aux ventes des navires français à l'étranger. Sans doute, lorsque ces ventes font perdre au bâtiment la nationalité française, aucun tribunal n'est allé, pour le moment, jusqu'à exiger l'observation de la loi de vendémiaire dans l'intérêt des tiers; mais nous avons dit qu'il résultait de cette même loi que les devoirs du consul en pareil cas l'obligeaient à prendre des mesures en vue de la dénationalisation du navire. On s'explique donc difficilement que nos tribunaux ne consentent pas à accepter, dans un esprit de juste réciprocité, la souveraineté de la loi étrangère à cet égard. La décision la plus récente dans cet ordre d'idées, un jugement de Saint-Malo, du 27 juin 1885 (1), persiste cependant dans la voie d'exclusion systématique du statut étranger. Cette décision est d'autant plus intéressante qu'elle repousse la loi du pavillon par des raisons tirées précisément des exigences de la publicité en cette matière : « Attendu que le droit des tiers et l'intérêt des « nationaux deviendraient illusoires, s'il était permis aux « armateurs étrangers, au lendemain d'une condamnation « par un tribunal français, de changer, par contre-lettres « ou autres moyens frauduleux, le nom des propriétaires « d'un navire, tout en continuant à le faire naviguer « ostensiblement sous le nom des anciens propriétaires, « qui seuls figureraient à l'acte déposé en douane, et, au « cas de poursuites, de produire à ce moment seul des « pièces ou documents, inconnus des tiers jusqu'à ce jour « et établissant, d'une façon plus ou moins suspecte ou « véridique, une mutation de propriété clandestine ». Dans l'espèce, les créanciers, qui saisissaient en France un navire anglais, opposaient au revendiquant l'absence d'inscription sur l'acte d'enregistrement, que le tribunal assimilait, par interprétation de l'article 44 du *Merchant Shipping Act* de 1854, à l'acte de francisation. Il est certain que, si cette interprétation est la vraie, les juges concluaient

(1) *Revue internationale du Droit maritime*, I, p. 617.

à bon droit à l'invalidité de la vente à l'égard des créanciers. Mais, s'ils paraissent, en cela, avoir songé à la loi du pavillon, ils semblent avoir voulu se référer à la *lex fori* en ne parlant même pas de l'inscription à la douane anglaise, qui était pourtant la première formalité que dût accomplir l'acquéreur. En fait, l'acte d'enregistrement avait été déposé à la douane du port de la saisie, et le tribunal déduit de cette particularité que les créanciers, qui se sont renseignés auprès de ladite douane, ont dû considérer comme propriétaires du navire ceux dont les noms figuraient à l'acte. La question de fraude mise à part, il est clair que, si la transcription avait été opérée à la douane du port d'attache, la circonstance ci-dessus n'eût influé en rien sur la transmission de propriété. Le tribunal eût donc dû se préoccuper de savoir si la vente avait été ou non transcrite en Angleterre. En négligeant de s'en informer, il a repoussé la loi du pavillon en faveur de la loi du lieu de la saisie, et il l'a d'autant plus fait qu'il a considéré comme pouvant seule assurer la publicité de la vente la mention de la mutation à la douane française. Le débat est ainsi rouvert sur le moyen le plus sûr de garantir cette publicité de peuple à peuple. Il n'est pas douteux que la loi du pavillon, à ce point de vue, ne facilite guère les recherches des nationaux sur la propriété des navires étrangers; mais elle est une transaction équitable entre les droits de tous les intéressés et, à ce titre, elle constitue un excellent *modus vivendi* international. Si l'on veut fonder une législation commune à toutes les nations, il faut commencer par accorder aux étrangers les mêmes concessions qu'on réclame d'eux pour les regnicoles. Les créanciers français ont intérêt à l'application de la loi française aux navires étrangers, mais ils ont aussi intérêt à ce que les navires français soient en tous lieux régis par la loi française, au moins au point de vue spécial des mesures de publicité. Et il faudrait renoncer à reconnaître un droit international si chaque nation se renfermait dans l'exercice exclusif de sa souveraineté territoriale (1).

Nous conclurons donc que, si la loi locale doit régir dans tous les cas la forme du contrat même de vente, la loi du pavillon est la seule qui convienne aux formalités destinées à porter ce contrat à la connaissance du public. Lors même que, l'acquéreur étant étranger, la mutation aura pour effet de dénationaliser le navire, les nationaux devront être avertis de cette dénaturalisation par l'accomplissement des prescriptions administratives de la loi du pavillon. Cet accomplissement aura donc le double effet de dénaturaliser le bâtiment et de purger les droits des tiers. Jusque-là, le navire conservera, vis-à-vis de tous, sa nationalité primitive, et la loi du pavillon qui lui sera applicable sera celle de la nationalité du vendeur (2).

(1) On pourra lire avec intérêt les conclusions prises par les parties dans une affaire jugée par arrêt de Rouen du 1ᵉʳ mars 1893 (*Journal du Droit international privé*, 93, p. 874). Cette décision ne résout pas la question qui nous occupe, mais celle-ci était soulevée dans le débat.

(2) L'article 4 du projet sur les conflits des lois maritimes, adopté par le congrès de Droit maritime de Bruxelles en 1888, est ainsi conçu : « Toutes les fois qu'il faut suivre la loi du pavillon, la loi applicable est celle du pavillon que portait légalement le navire au moment où le droit a pris naissance ». (Paris, Pedone-Lauriel, 1889, p. 155.)

A l'étude du conflit des lois relatif à la constitution des droits réels sur le navire succède, comme nous l'avons annoncé, l'étude du conflit relatif à la réalisation de ces droits. Pour la vente volontaire, le droit se réalise en même temps que la convention devient définitive, puisque, dès ce moment, la transmission de la propriété est un fait acquis. Mais, pour les droits réels ou autres, qui ne sortent à effet que sur la poursuite d'un créancier, il sera nécessaire de recourir à des mesures d'exécution, qui sont la saisie et la vente forcée. Il importe donc de savoir si les formalités requises pour l'accomplissement de ces actes sont soumises à la règle *locus regit actum* ou échappent à son application.

On pourrait se demander s'il est exact de comprendre ces formalités dans l'*actus* proprement dit. Dans un certain sens, en effet, l'*actus* ne se réfère qu'à l'acte constitutif du droit, et la doctrine, soucieuse de séparer nettement les diverses phases des contrats, a plus d'une fois distingué, dans le but de fixer les limites de notre règle, entre les deux périodes de la naissance et de l'exercice des droits que ces contrats engendrent (1). Cette séparation n'a qu'un

(1) Voir un article de M. EDMOND PICARD sur *la valeur et l'effet des actes passés en pays étranger : Journal du Droit intern. privé*, 81, p. 463. L'auteur y établit une distinction minutieuse entre l'*actus* et la *solutio*.

intérêt théorique, car, ceux qui la professent appliquant aux formes de l'exécution la loi du lieu où elle est poursuivie, il n'y a aucune différence pratique entre le système qu'ils proposent et celui qui confond sous la dénomination d'*actus* la forme sous laquelle le droit naît et celle sous laquelle il s'exécute. Il nous paraît même y avoir une erreur à ne pas donner au mot *actus* sa signification générique, et nous n'apercevons aucune raison pour ne désigner par ce terme que le moment de la formation du droit et non celui de son extinction. L'acte, c'est tout fait juridique, convention ou autre, qui produit un droit ou le résout. On exprime donc une seule et même idée lorsqu'on dit, d'une part : « *Locus actus regit actum* » et, de l'autre : « *Locus solutionis regit solutionem* », car la *solutio* d'une obligation est un acte au même titre que sa création.

En France, les voies d'exécution sur les navires sont régies par les articles 197-200 et 209-213 du Code de commerce, par la loi du 10 juillet 1885 et enfin par le Code de procédure civile pour les cas non prévus par la loi commerciale (1). Les codes étrangers les ont, en général, moins longuement réglementées, mais ils l'ont fait presque tous dans le même sens, à savoir dans le sens de la plus grande célérité conciliée avec la plus grande publicité possible. Il semblerait en résulter, comme nous l'avons admis jusqu'à présent pour toutes les dispositions dont le but est de prévenir les tiers, que la loi du lieu ne pourra être sans inconvénients appliquée aux formalités de la

(1) Voir DALLOZ, *J. G.*, vº *Droit maritime*, nº 163.

saisie et de la vente judiciaire qui tendent à ce même but.
Il n'en est rien cependant, et, s'il est une matière à
laquelle la maxime *locus regit actum* doive recevoir une
application sans réserves, c'est bien celle-ci. Cela est si
vrai que le Code espagnol l'a expressément proclamé
dans son article 579 : « Si la vente a lieu alors que le navire
se trouve à l'étranger, on observera les prescriptions qui
régissent cette hypothèse », ce qui ne peut bien évidemment avoir trait qu'aux prescriptions des lois étrangères,
le code en question n'en contenant aucune à cet égard.
Mais il n'est besoin d'aucun texte pour découvrir ce principe, qui a son origine dans la nature même des choses et
dans cette règle supérieure, dont toutes les législations se
réclament, en vertu de laquelle la loi territoriale gouverne
souverainement les actes d'exécution, qui sont un mode
d'exercice de la puissance publique. Lorsqu'un jugement
a été rendu par les tribunaux français, les conditions dans
lesquelles on l'exécutera ne peuvent dépendre d'une loi
étrangère, et les officiers publics, chargés de le ramener à
effet, ne peuvent se conformer qu'aux lois au nom desquelles ils ont été investis de leurs fonctions. On ne conçoit
pas un huissier rédigeant, par exemple, un procès-verbal
de saisie qui contiendrait d'autres énonciations que celles
prescrites par l'article 200 du Code de commerce, pas plus
qu'on ne concevrait qu'il fût procédé en France à des
enchères suivant une forme étrangère (1). Et, quant aux

(1) Il serait bien impossible de valider une vente faite à l'amiable par un
mortgagee anglais ou américain, auquel sa loi nationale reconnaît le droit de
réaliser son affectation suivant la voie qu'il juge convenable, amiable ou
autre. — Voir Desjardins, V, p. 461.

formalités de publicité destinées à porter les actes de procédure à la connaissance des tiers, on ne peut aussi leur appliquer que la loi locale, soit pour la forme à leur donner, soit pour les délais dans lesquels on doit les remplir, car le créancier poursuivant ne peut être obligé de connaître la législation du navire. Il faut donc s'en tenir, pour aviser les tiers étrangers, aux moyens que donne la loi du lieu des poursuites. La loi du pavillon ne pourra, par suite, être appliquée que pour la détermination des créanciers qui devront recevoir les significations à l'adresse du parquet.

Aux considérations de principe on peut en ajouter d'autres, qui se tirent de l'équité même. S'il n'y a aucun abus à exiger d'un acheteur à l'amiable qu'il fasse purger lui-même, à l'étranger, les droits qui peuvent grever le navire, il y en aurait un à subordonner la validité de l'acquisition devant la justice à l'accomplissement d'autres formalités que celles résultant des lois locales. La sécurité des ventes judiciaires en recevrait une telle atteinte que l'enchère elle-même ne manquerait pas d'en subir le contre-coup. De plus, les acquéreurs seront, la plupart du temps, des nationaux relativement au lieu de la vente, et il est tout naturel de les soumettre à la seule loi qu'ils soient supposés connaître.

Mais il est nécessaire d'observer que l'application de la règle *locus regit actum* doit être strictement limitée aux formes de la saisie et de la vente proprement dites. Donc, lorsque nous disons que la législation locale gouverne seule la procédure d'expropriation, nous n'entendons pas par là que l'adjudicataire ne devra point, pour se mettre en règle avec l'Administration, prendre, sur les registres du nouveau port d'attache, les inscriptions auxquelles le statut du navire, qui variera suivant que la vente changera ou non la nationalité du pavillon, assujettit les mutations sur les bâtiments. Tout ce que nous voulons dire, c'est que l'adjudication purgera *ipso facto* tous les droits pouvant peser sur le navire, par le seul fait qu'elle sera prononcé suivant les règles édictées par les lois du pays. En un mot, la propriété sera, dès lors, transmise *ergà omnes* et l'acte aura date certaine à ce jour; mais l'acquéreur n'en sera pas moins tenu de se conformer à sa loi nationale pour faire immatriculer son navire et remplir les formalités devant lui permettre de justifier son droit de propriété par le nouvel état civil du bâtiment.

De plus, en ce qui concerne la distribution du prix, nous avons vu que l'ordre dans lequel les créances sont admises est régi, suivant une opinion qui est la nôtre (1), par la loi du pavillon. Le juge, chargé de la répartition, devra donc suivre, à cet égard, le statut du navire. Mais, pour tout ce qui a trait à la procédure *stricto sensu*, notamment aux significations et publications, la loi locale sera souveraine. C'est elle qui régira les conditions dans lesquelles les créanciers, étrangers aussi bien que nationaux, seront invités à faire valoir leurs droits, par exemple, sommés de produire.

Ce système peut paraître de nature à engendrer des inconvénients fort graves en faisant dépendre le sort des ayants

(1) *Contrà :* Bordeaux, 20 août 1883. *Journal du Droit intern. privé*, 84, p. 190.

droit étrangers, qui se sont conformés à leurs propres lois pour la conservation de leurs privilèges, des règles de publicité, peut-être insuffisantes par rapport à eux, édictées par la loi du lieu de la saisie. C'est ainsi que, pour la France, pas plus la loi de 1885 que le Code de commerce n'a prévu les moyens propres à prévenir les créanciers non domiciliés sur le territoire, soit de la saisie, soit de l'ouverture de l'ordre; car le législateur s'est borné (art. 23 de la loi, *in fine*) à renvoyer à l'article 69 du Code de procédure civile, c'est-à-dire à prescrire la signification au parquet, seulement en ce qui concerne la dénonce du procès-verbal de saisie au saisi lui-même (1). Il paraît en résulter que les formalités qui, par leur nature, ne sont pas d'un accomplissement obligatoire à l'étranger, ne produisent la publicité, qui est leur but et leur raison d'être, que dans les limites du pays de l'acte. Par exemple, la transcription du procès-verbal au bureau du receveur des douanes n'étant pas, théoriquement au moins, toujours possible à l'étranger, puisque le fonctionnaire d'un État ne peut être contraint à transcrire un écrit passé dans un autre État (2), la saisie pratiquée en France sur un navire étranger pourrait n'être nullement rendue publique, à ce qu'il semble, dans le pays auquel ce navire appartient. M. Vidal-Naquet (3) considère même la dénonciation au tiers, prescrite par l'article 24 de

(1) Jugé que la signification du commandement au parquet et la dénonciation du procès-verbal au capitaine et au parquet suffisent pour rendre la saisie opposable au propriétaire du navire qui habite l'étranger. (Saint-Malo, 27 juin 1885, *Revue intern. de Droit maritime*, I, p. 617, déjà cité.)

(2) Voir : VIDAL-NAQUET, *Saisie et ventes judiciaires des navires*, p. 73.

(3) *Ibid.*, p. 154.

la loi de 1885, comme d'un accomplissement impossible dans le cas où, le receveur étranger se refusant à délivrer l'état hypothécaire du navire, le poursuivant n'aura aucun moyen de connaître les créanciers inscrits. Mais, d'une part, la signification au parquet nous paraît être de rigueur même en l'absence d'un texte exprès, et, de l'autre, nous ne voyons pas au juste dans quel intérêt le receveur étranger ne consentirait pas à transcrire, ni surtout de quel droit un fonctionnaire, chargé de tenir des registres qui sont publics, pourrait en contester la communication à qui que ce fût. Il faut cependant reconnaître que, dans quelques cas, l'application stricte de la loi locale peut avoir pour effet de heurter des droits légitimement acquis. Si l'on imagine une vente transcrite à l'étranger sur un navire étranger postérieurement à une saisie pratiquée en France sur ce navire et non transcrite, il n'est pas douteux que le droit du saisissant, qui est consacré par un acte des agents exécutifs du gouvernement, ne peut être primé que par des droits acquis déjà et légalement conservés. La souveraineté territoriale des pouvoirs publics est, d'ailleurs, la limite infranchissable de la loi du pavillon. Mais il n'en reste pas moins que l'acheteur, qui aura régularisé son titre, devrait pouvoir, en équité, méconnaître une mainmise opérée clandestinement par rapport à lui.

En définitive, l'application rigoureuse de la règle *locus regit actum* peut aboutir, dans certaines hypothèses, à priver de publicité internationale les actes d'exécution forcée sur les navires. Cet inconvénient, rendu plus théorique que réel par les significations au parquet, l'est encore par

la pratique, usitée sur plusieurs places, notamment celle
de Marseille, de faire les dénonciations et significations aux
consuls toutes les fois que le navire est étranger. Mais il
pourrait et devrait être aussi tempéré par les conventions
entre puissances, qui devraient tendre à faire intervenir
légalement leurs représentants diplomatiques dans tous les
cas où, la question de publicité étant en jeu, ces intermé-
diaires naturels pourraient porter à la connaissance de leurs
nationaux tous les changements forcés de propriété ou de
possession subis par les bâtiments. Les lacunes des diverses
législations ont été, à ce point de vue, en partie comblées
par un certain nombre de traités (1). Il faut souhaiter que
la tendance manifestée par ces contrats entre nations se
généralise, car elle aurait pour effet d'apporter un adoucis-
sement aux fâcheux effets que peut accidentellement produire l'application d'une règle imposée par le droit et par
l'équité générale.

La jurisprudence ne s'est pas prononcée sur ces difficultés, qui sont pratiquement fort rares. Quant à la doctrine,
elle renvoie purement et simplement à la règle *locus regit
actum*, sans distinctions (2). Le Congrès de Bruxelles de
1888, dans sa séance du 2 octobre, a ouvert sur la question un débat qui met en lumière toute la complexité du problème, et en le posant, fraye le chemin de sa solution. Sur
l'amendement proposé par un de ses membres : « En cas de

(1) Voir les traités avec les États-Unis, l'Espagne, les Pays-Bas, l'Italie, le
Portugal, le Brésil, l'Autriche, la Russie, la Grèce, la République de Salva-
dor : VIDAL-NAQUET, *loco citato*, p. 29.

(2) Voir VIDAL-NAQUET, p. 28 ; *Journal du Droit international privé,
Questions et solutions pratiques*, 82, p. 164.

vente forcée dans un port étranger, la propriété est régulièrement transmise quand la vente a eu lieu conformément aux règles suivies dans ce port », une discussion s'est élevée, de laquelle il résulte que, d'une part, les droits constitués sur le navire étant régis par la loi du pavillon, c'est cette loi qui détermine l'ordre de distribution de prix, et que, d'autre part, la procédure d'expropriation étant gouvernée par la loi locale, la purge des droits ci-dessus le sera aussi. Cette formule se concilie merveilleusement avec les principes posés plus haut, en vertu desquels la loi du pavillon règle la constitution des droits réels sur le navire tant au point de vue de la forme qu'à celui du fond. Aussi ne comprenons-nous pas la restriction que M. Lyon-Caen y apportait par ces paroles, extraites du compte rendu du Congrès : « Une fois la vente opérée, il est possible qu'il y ait lieu de régler les formalités de publicité comme pour le cas de vente volontaire. Pour les formalités de publicité à remplir en cas de vente, nous avons admis l'application de la loi du pavillon. Si un navire grec est vendu, comme on le supposait, dans les eaux françaises, nous disons : si la législation grecque prescrit des formalités de publicité pour que la propriété soit transmise à l'égard d'un tiers, il faut remplir ces formalités comme en cas de vente volontaire » (1). On ne conçoit pas de quelle nécessité pourrait être, au point de vue de la transmission de propriété, l'accomplissement des formalités auxquelles l'auteur fait allusion, car aucun droit réel ne peut être concédé sur le navire à partir de l'adjudication, qui rend l'adjudicataire à

(1) Voir séance du Congrès, p. 127.

jamais propriétaire *ergà omnes*. La loi commerciale ne parle nulle part de transcription du jugement d'adjudication, et l'on ne voit pas pourquoi on suppléerait à son silence pour aggraver la situation des acquéreurs en justice, alors surtout que, le navire étant étranger, les registres du port d'attache peuvent être fort éloignés et que le fonctionnaire qui les tient, peut, à la rigueur, en refuser l'accès à tout autre qu'aux nationaux. La jurisprudence de la Cour de cassation va même jusqu'à refuser tout effet aux concessions de droits à partir de la transcription de la saisie et jusqu'à décider que l'hypothèque maritime, consentie même antérieurement à la saisie, mais inscrite après la transcription du procès-verbal de saisie, ne saurait créer aucun droit de préférence aux dépens du créancier saisissant (1). Et, comme nous avons admis que la loi locale régissait les formes de la saisie, il faut bien admettre aussi que, le législateur français n'ayant prévu que le cas où le port d'attache du navire est situé en France, la saisie, même non transcrite à l'étranger, aura pour effet, par elle seule, de rendre impossibles tous établissements de droits ultérieurs sur le navire. Le juge de l'ordre n'aura donc à se préoccuper que des droits constitués antérieurement, et c'est dans la vérification de ces droits qu'il devra tenir compte exclusivement de la loi du pavillon. Voilà dans quel sens il nous paraît que la règle *locus regit actum* doit être appliquée à la saisie et à la vente forcée. Toute autre solution conduirait à des complications absolument incompatibles

(1) Du 6 novembre 1893. *Revue internationale du Droit maritime*, IX, p. 143.

avec la nature des choses, et, pour nous résumer là-dessus, nous ne saurions mieux dire que l'auteur de l'amendement précité : « Lorsque l'adjudicataire aura acheté un navire à la barre d'un tribunal, conformément à la procédure suivie au lieu d'expropriation, il faut que, moyennant le paiement de son prix et la distribution entre les ayants droit, cet adjudicataire soit propriétaire définitif de son navire et que nulle part il ne soit exposé à des réclamations ». En d'autres termes, la purge s'opère suivant la loi du lieu où le navire est vendu, et la transcription que l'on prétend exiger ne peut être qu'une mesure purement administrative et réglementaire qui, émanant des lois étrangères, ne peut en aucune façon obliger l'adjudicataire. Qu'elle constitue une formalité utile, on peut le soutenir ; mais rien n'autorise à la sanctionner en donnant aux tiers le droit de méconnaître les effets de l'adjudication prononcée valablement par la justice locale.

Ajoutons, pour en terminer, que nous résoudrions de la même manière tout ce qui a trait aux formes des ventes judiciaires autres que celles sur saisie, les licitations par exemple. Là où la vente a lieu sous l'œil du juge, il ne peut s'agir de l'application d'une autre législation que celle au nom de laquelle il instrumente, et les jugements, revêtus de la formule exécutoire, doivent avoir une autorité définitive dès qu'ils ont été rendus dans les formes voulues par les lois du pays.

Le titre III du Code de commerce ne soulève guère, au point de vue qui nous occupe, que la question des formes de l'abandon.

L'article 216, dans son second alinéa, accorde à l'armateur la faculté pure et simple de s'affranchir des faits et engagements du capitaine par l'abandon du navire et du fret. On estime en doctrine que cet acte d'abandon, dans le silence de la loi, n'est soumis à aucune forme spéciale et que tous les moyens sont bons pour porter à la connaissance des créanciers, ainsi d'ailleurs que des tiers, l'intention du propriétaire de se libérer par ce mode particulier (1). La jurisprudence décide également qu'on peut l'effectuer par tous les procédés du droit commun, acte notarié, exploit d'huissier, conclusions prises à l'audience, voire même correspondance (2), par application du principe de l'article 109 du Code de commerce, qui consacre la liberté indéfinie de la preuve. A l'étranger, de même, la forme de l'abandon n'est pas prévue, si ce n'est en Hollande, où l'article 321 du Code de commerce exige qu'il en soit fait déclaration dans un acte devant notaire, et au Chili, où

(1) Voir DESJARDINS, II. n° 293 ; DE VALROGER, I, n° 278 ; LYON-CAEN et RENAULT, II. n° 1672 ; DALLOZ, J. G., v° Droit maritime, n° 224 ; JACOBS, Droit maritime belge, I, n° 74. Addc : Anvers, 23 juillet 1892. Revue intern. du Droit maritime, VIII, p. 131.

(2) Nantes, 30 août 1862, HOCHSTER et SACRÉ, J, p. 68.

l'article 888 en prescrit la constatation par acte public. Le conflit des lois n'est donc possible que dans les rapports des nationaux de ces deux puissances avec les nationaux des autres.

Cependant, il résulte de la convention entre la France et l'Angleterre des 22-27 novembre 1889, relative à la liquidation des sauvetages des navires naufragés sur les côtes de ces pays, que l'abandon d'un navire anglais doit être réalisé en France par l'intermédiaire du consul. Le conseil de préfecture de la Seine-Inférieure n'en a pas moins jugé, le 10 février 1893 (1), que l'abandon d'un navire anglais, fait à l'État français par le propriétaire lui-même entre les mains du préfet directement, devait être considéré comme valable. Ceci prouve bien que la procédure en cette matière est indifférente et que, tout ce qu'on demande, c'est qu'il soit établi en fait, d'une façon ou d'une autre, que le droit a été exercé.

Pour le fond même du droit, la jurisprudence et la doctrine (2) adoptent généralement la loi du pavillon, en rattachant à l'idée de mandat la faculté d'abandon, qui n'est, en effet, qu'une restriction aux pouvoirs du capitaine considéré comme représentant de l'armateur. Mais, pour la forme de l'acte, il ne s'agit plus d'une question de capacité, et, les codes hollandais et chilien n'ayant pas réglé le cas où l'abandon a lieu à l'étranger, il manque le motif d'où l'on pourrait faire découler une dérogation à la maxime *locus regit actum*.

(1) *Journal du Droit intern. privé*, 93, p. 818.
(2) Voir VINCENT et PÉNAUD, *op. citat.*, v° *Navire*, n° 74.

Ce n'est pas qu'il n'y ait aucun intérêt à soumettre à certaines conditions de forme une convention qui, si elle n'a pour effet de transporter la propriété *hic et nunc* à ceux auxquels elle est consentie, opère cependant dessaisissement de l'armateur et le met dans la situation d'un débiteur dont les biens ont été saisis (1). On conçoit qu'il ne serait pas sans importance d'obliger le capitaine, en tous pays, à donner date certaine à un pareil acte qui rendrait nulle toute concession ultérieure de droits reels de la part du promettant. Le Congrès de Bruxelles avait reçu à cet égard une proposition tendant à instituer une procédure internationale de l'abandon (2). Mais, tant qu'elle restera à l'état de projet, il sera impossible d'adopter dans cet ordre d'idées une autre règle que celle du statut local.

Il est toutefois nécessaire de remarquer que, dans l'hypothèse spéciale où l'armateur se trouve en présence d'un créancier unique, l'abandon emportera, par la force même des choses, translation de propriété. En ce cas, il est bien évident que l'acte sera régi d'après les principes que nous avons établis pour les changements de propriété et que le créancier devra se conformer aux prescriptions relatives à la publicité de la mutation, lesquelles sont gouvernées par la loi du pavillon (3).

Les questions de forme relatives à la licitation du navire (art. 220) sont, comme nous l'avons dit, forcément régies

(1) Voir JACOBS, *Droit maritime belge*, 1, n° 78; Bruxelles, 21 novembre 1884, J., 85, p. 122.
(2) Voir JACOBS, *op. citat.*, 1, n° 83; Congrès de Bruxelles, p. 290.
(3) Voir JACOBS, *ibid.*, 1, p. 28.

par la loi locale ; notons pourtant que cette loi se confondra le plus ordinairement avec celle du pavillon, la demande en licitation devant se produire devant le tribunal du port d'attache, siège de la communauté (1).

(1) Nantes, 1er juillet 1868, N., 68, 1, 263.

IV

Les différents ordres d'idées traités par le titre IV du Code se rattachent en majeure partie aux pouvoirs et obligations du capitaine, qui sont en principe régis par la loi du pavillon. Il y a lieu cependant de rechercher, au point de vue de la forme des actes du capitaine, dans quelles limites l'adoption de cette loi doit être acceptée et s'il n'y a pas telles hypothèses où la loi locale devra la tenir en échec ou tout au moins être conciliée avec elle.

Par exemple, pour la formalité du procès-verbal de visite, que certains considèrent comme d'ordre public et obligatoire pour les capitaines étrangers (1), si on l'impose à tous les navires sans distinction de nationalité, on doit se demander, quand il est fait par des capitaines étrangers en France, s'il doit être déposé en la forme de l'article 225 au greffe du tribunal de commerce, conformément à la loi locale, ou si le consul, représentant de la loi du pavillon, est compétent pour le recevoir. Il nous suffira, à ce point de vue, d'indiquer que, du moment où l'on juge le procès-verbal indispensable comme mesure de sécurité et de police, on ne saurait remettre au fonctionnaire d'un autre État le soin de s'assurer s'il a été effectivement dressé.

De même, l'article 237 (2) éveille l'idée d'un conflit éven-

(1) Voir DALLOZ, *J.-G.*, v° *Droit maritime*, n° 383.

(2) Nous ne revenons pas sur l'article 234, relatif à l'emprunt à la grosse et dont nous avons joint le commentaire à celui de l'article 192.

tuel de législations, en autorisant le capitaine à vendre le navire sans pouvoir des propriétaires dans le cas d'innavigabilité légalement constatée. Quelle loi réglera le mode de cette constatation à l'étranger ? — La loi du pavillon, sans doute, car il s'agit de l'intérêt privé d'un propriétaire français, placé sous la protection de sa loi nationale. La meilleure preuve en est, du reste, que l'ordonnance du 29 octobre 1833 (art. 32) et le décret du 22 septembre 1854 (art. 2) édictent des règles pour cette hypothèse en ce qui concerne les navires français (1). Mais que décider lorsque l'observation de ces règles, ainsi que de celles portées par la loi du 13 août 1791, est impossible dans le lieu où l'on se trouve ? Il faut bien alors revenir à la règle *locus regit actum*, et c'est ce que fait une jurisprudence constante, qui consacre à cet égard le pouvoir d'appréciation souveraine des tribunaux (2).

L'article 242, qui ordonne au capitaine de faire viser son livre de bord à l'arrivée, soulève la même question. Le visa devra-t-il être apposé dans tous les cas par l'autorité compétente ? On admet qu'à l'étranger le consul représentera cette autorité (3). Mais il a été jugé que les capitaines étrangers ne sont soumis à cette formalité que si la loi de

(1) Voir aussi : LYON-CAEN, *Journal du Droit intern. privé*, 81, p. 500.

(2) Bordeaux, 22 août 1831, DALLOZ, *J. G.*, v° *Droit maritime*, n° 2085, et 8 juillet 1839, n° 2087 ; cass., 14 mai 1854, *ibid.*, 31 juillet 1859, n° 2089 ; 6 mai 1867, *D. P.*, 67, 1, p. 24, et la note; Rouen, 3 juillet 1867, *ibid.*, 2, p. 50. *Addé* : DAGEVILLE, II, p. 236 ; BÉDARRIDE, *Droit maritime*, n° 1423 ; DALLOZ, *J. G.*, v° *Droit maritime*, n° 468 et suiv. — Rapprocher, pour la vente des marchandises : Haute-Cour de justice, 17 mars 1891, *Revue intern. du Droit maritime*, VII, p. 62.

(3) Voir LYON-CAEN et RENAULT, II, n° 1832.

leur pavillon les y contraint (1). Ici encore, par conséquent, la loi locale ne s'appliquera qu'aux navires dont la loi nationale prescrit le visa et dans les cas seulement où l'application de cette dernière loi sera impossible.

En ce qui concerne le rapport de mer, ordonné par les articles 242 et suivants, une première question devra être supposée résolue avant d'étudier le conflit relatif à la forme de cet acte : celle de savoir si les capitaines étrangers y sont astreints en France. Nous nous bornerons, à cet égard, à renvoyer à M. de Valroger, qui l'a fortement établi (2). Quant aux capitaines français à l'étranger, leur obligation est écrite en toutes lettres dans l'article 244 du Code de commerce.

L'obligation reconnue, l'importance est grande de savoir dans quelles conditions de forme elle devra être remplie, car le rapport de mer, régulier et valable, est la source où le juge viendra naturellement puiser pour trancher les contestations de toutes sortes que l'expédition maritime pourra soulever. Et elle est d'autant plus grande que, si presque toutes les nations en admettent le principe, c'est avec une extrême variété dans l'application (3).

Les formes du rapport de mer se rattachent à trois ordres de conditions : le contenu du document (art. 242), l'autorité compétente pour le recevoir (art. 243-246), le délai dans lequel il doit être fait (art. 242). Sur le premier point, il nous paraît hors de doute que le capitaine devra se conformer à

(1) Marseille, 18 juin 1849, *M.*, 49, p. 159.
(2) Voir *Droit maritime*, I, n° 479 ; *Revue internationale du Droit maritime*, IV, p. 208.
(3) Voir : DESJARDINS, II, p. 575 et suiv. ; DE VALROGER, I, n° 481.

sa loi nationale, qui seule est souveraine pour lui dicter ses devoirs ; mais il est à peine besoin de dire que le rapport ne fera foi, dans le pays où il sera invoqué, que des énonciations qu'il contient et que, par suite, lorsqu'un rapport invoqué en France ne contiendra pas toutes les mentions de l'article 242, on ne pourra lui faire produire devant nos juges les effets d'un rapport absolument conforme à nos lois. Au point de vue donc de la force probante, c'est la *lex fori* qui régira l'acte, tandis qu'il sera gouverné par la loi locale en ce qui concerne sa validité pure et simple. A ce dernier point de vue, un tout récent arrêt de la cour d'Orléans, du 2 février 1895 (1), a admis la régularité d'un rapport de mer dressé par un capitaine anglais suivant les formes anglaises, à l'île Maurice, terre anglaise ; la loi du pavillon se confondait, dans cette espèce, avec la loi du lieu : il y avait donc une double raison pour valider l'acte.

Sur le second point, la doctrine et la jurisprudence françaises s'accordent aujourd'hui à interpréter l'article 242, qui prescrit la confection du rapport devant le président du tribunal de commerce et son dépôt au greffe de ce tribunal, comme s'appliquant exclusivement aux capitaines français. L'argument capital de cette opinion est péremptoire : les articles 234, 244 et 414 du Code de commerce donnent compétence à nos consuls pour recevoir à l'étranger les déclarations et rapports de nos capitaines : comment ne

(1) Voir *Gazette du Palais* du 28 mars 1895, et la note. Voir aussi : Dunkerque, 14 décembre 1886. *Revue internationale du Droit maritime*, II, p. 550.

pas admettre la réciprocité de cette règle, sans blesser le principe supérieur qui préside aux relations internationales? Et, de fait, nous n'en voyons aucun motif convaincant. M. Lyon-Caen (1) a soulevé pourtant cette objection que, s'il s'agit (contrairement à ce qu'il admet) d'une formalité d'ordre public, on ne conçoit pas que la loi française la laisse accomplir en France devant une autorité étrangère, car alors on n'aurait aucun moyen certain de s'assurer que les capitaines étrangers déposent leur rapport. Cette considération, que nous venons de faire valoir à l'occasion du procès-verbal de visite, est d'une très grande force. Mais, comme le dit très bien M. de Valroger, il faut distinguer entre l'obligation de faire un acte et les conditions nécessaires pour donner à cet acte l'authenticité, et, s'il y a quelque inconvénient à laisser à des représentants des États étrangers le soin de contrôler l'accomplissement de nos lois, il y en aurait tellement davantage à ne pas reconnaître la validité des rapports dressés devant les consuls, qui sont les premières personnes avec lesquelles les capitaines étrangers sont portés à prendre contact, que l'on ne doit pas hésiter à suivre à cet égard l'opinion de plus en plus constante de la majorité des auteurs, ainsi que des cours et tribunaux. On ne doit pas, d'ailleurs, prendre trop au pied de la lettre la considération de l'ordre public, car, comme le dit excellemment M. Laurin (2), « si on avait entendu la chose à la rigueur, il aurait fallu, au point de vue

(1) Voir *Journal du Droit international privé*, 82, p. 496.

(2) LAURIN sur CRESP, 1, p. 600. Voir aussi : DEMANGEAT, IV, p. 254 ; BÉDARRIDE, II, p. 600.

des intérêts français, exiger l'accomplissement des formes déterminées par les articles 242 et suivants même dans le cas où le capitaine étranger aurait abordé dans un port de sa nation ou dans celui d'un tiers État, car la loi ne distingue pas ; or, il est évident qu'un pareil résultat, à quelque point de vue qu'on se place, ne saurait être admis ; il est aussi impolitique que peu équitable et peu juridique à la fois ».

Dès l'année 1837, le tribunal de commerce de Marseille (1) consacrait l'efficacité de la preuve résultant d'un rapport reçu par le consul relativement à la cause d'avaries constatées sur un chargement. Le tribunal de commerce de Bordeaux, par jugement du 22 août 1838 (2), acceptait le même mode de preuve pour la constatation de l'arrimage et du fardage d'une cargaison, et cela en ces termes : « Attendu « qu'on ne saurait appliquer aux capitaines étrangers les « dispositions du Code de commerce, lorsque ces disposi- « tions ne sont relatives qu'aux formes à donner à tels ou « tels actes faits dans l'intérêt du navire et du chargement ; « que le législateur, en traçant les articles 242, 243, 244 « et 245 du Code de commerce, n'a eu évidemment l'inten- « tion d'en rendre les dispositions obligatoires que pour les « capitaines français ; qu'on ne peut donner une autre « interprétation à ces dispositions, en présence surtout des « termes des articles 244 et 245, qui, en cas d'abordage ou « de relâche dans un port étranger, imposent au capitaine « l'obligation de se présenter devant le consul de France

(1) Du 28 février, *M.*, 16. 1, 113, et le jugement cité dans la note.
(2) *Ibid.*, 20, 2, 76.

« pour faire son rapport ; que des termes de ces articles
« découle la conséquence que les consuls de chaque nation
« sont l'autorité compétente pour recevoir les rapports des
« capitaines et remplacer en pays étranger l'autorité judi-
« ciaire ». C'est là, on le voit, l'argument de réciprocité,
auquel vient s'ajouter l'argument d'équivalence. Et ce sont
les mêmes arguments qu'on retrouve dans un arrêt d'Aix
du 14 mars 1840 (1), infirmatif d'un jugement du tribunal
de commerce de Marseille du 14 février de la même année.
Ce jugement avait repoussé le moyen tiré de la réciprocité, par ce motif que les articles 242, 243 et 246 ne reproduisent pas la disposition des articles 244 et 245, qui autorisent les capitaines français à l'étranger à se présenter
devant leurs consuls, et qu'on ne peut admettre, par suite,
la compétence de ces derniers que dans le cas où le capitaine aborde ou relâche en cours de route, mais non dans
celui où il arrive au port de reste. Cette distinction, purement judaïque, ne repose que sur une coïncidence de textes
et n'a son fondement dans aucune considération juridique
ou pratique. Aussi l'arrêt n'y fait-il même aucune allusion
et se borne-t-il à poser le principe de la réciprocité en le
restreignant aux cas où les rapports de nos capitaines font
foi devant les tribunaux de la nation à laquelle appartient
le capitaine étranger qui produit le sien devant la justice
française.

Le 21 août 1845, la même cour, infirmant un jugement
du même tribunal du 7 avril précédent (2), rendu à l'en-

(1) *M.*, 1840, 1, 99.
(2) *M.*, 1845, 1, 805.

contre d'un capitaine américain, écarte à nouveau la règle *locus regit actum*, en argumentant des articles 244 et 245 que, « loin que la loi française reconnaisse cette règle « lorsqu'il s'agit de rapports à faire par les capitaines de « navires, elle proclame, en cette matière, une exception « formelle à la maxime invoquée par les premiers juges. » La décision tire aussi argument d'une circulaire ministérielle de 1833, concertée entre le ministre de la justice et celui des affaires étrangères, en vertu de laquelle l'article 243, comme d'ailleurs l'article 242, ne doit pas être appliqué aux capitaines étrangers. L'opinion d'un ministre ne pouvant changer la loi, ce dernier motif est de peu de poids, et il est plus intéressant de s'arrêter à un autre, également développé par la cour et qui commente admirablement la question : « Considérant que, les rapports faits par les capi-« taines étrangers devant le consul de leur nation ayant « pour objet d'éclairer leur conduite et d'établir leur respon-« sabilité à l'égard de leurs commettants, ces capitaines, au « moyen de ces mêmes rapports, accomplissent les devoirs « que leur impose la conservation des intérêts privés qui « leur sont confiés. » Voilà bien, en effet, la vraie raison qui recommande ici l'application facultative de la loi du pavillon. Les chargeurs sont, la plupart du temps, des nationaux par rapport au consul et au capitaine ou, tout au moins, des étrangers par rapport au lieu de destination ; de même les assureurs, et souvent aussi les consignataires. Et, comme il s'agit d'intérêts particuliers, on doit natu-rellement se préoccuper avant tout de la nationalité du plus grand nombre des parties et de l'importance que peut avoir

à leur égard la compétence d'une autorité ou d'une autre ;
car il paraît difficile de faire rentrer la compétence du tribunal de commerce dans ces règles de police et de sûreté
dont le législateur a parlé dans l'article 3 du Code civil. Le
jugement réformé avait cependant accumulé là contre toute
une série de solides arguments : 1° la règle *locus regit
actum* exige que la preuve soit administrée dans la forme
du lieu où elle est reçue ; 2° l'article 243 est d'ordre public,
et le Conseil d'État, en modifiant la loi d'août 1791, qui
investissait les préposés des douanes du droit de recevoir
l'affirmation des experts, a voulu que la même autorité qui
prononcera sur le contenu du rapport soit la seule à
laquelle on puisse le déposer ; 3° la faculté d'interroger
l'équipage, donnée au juge par l'article 247, est un droit de
juridiction ; 4° les articles 242, 243 et 246 ne parlent pas
des consuls, mais seulement les articles 244 et 245 ; 5° la
réciprocité à cet égard ne peut résulter que des traités ; 6°
les capitaines étrangers, profitant du bénéfice de nos lois qui
ne font contribuer le navire que pour moitié aux avaries
communes, doivent faire constater leurs avaries d'après ces
mêmes lois ; 7° si la preuve de la fortune de mer en matière
d'assurance n'est soumise à aucune forme, il en est autrement en cas de responsabilité du capitaine envers les consignataires. A ces arguments on peut répondre : que l'application de la règle *locus regit actum* est précisément en
question ; qu'on conçoit fort bien que l'autorité qui reçoit
les dépositions des témoins ne soit pas la même que celle
qui en apprécie plus tard la portée ; que le juge qui recueille
ces dépositions exerce plutôt un pouvoir d'officier public

que de magistrat ; qu'on ne peut rien conclure du silence
des articles 242, 243 et 246 à l'endroit des consuls, car il
n'y a guère de motifs pour faire une différence entre l'hypothèse qu'ils prévoient et celles prévues par les articles 244
et 245 ; que le droit international tout entier repose sur le
principe de réciprocité, en dehors même des conventions
diplomatiques, qui n'ont généralement d'autre but que de
préciser les points douteux et d'éviter les dangers de
l'interprétation ; que la raison tirée de la loi appliquée en
France au réglement d'avaries communes ne vaut que lorsqu'il y a lieu à ce réglement ; qu'enfin, il ne s'agit point de
ne soumettre à aucune forme la preuve des responsabilités
du capitaine, mais d'en régler le mode par une autre loi
que celle du lieu. La Cour de cassation (1) a d'ailleurs jugé
sur la même affaire dans le même sens que la cour
d'appel : « Attendu que la loi, dans tout ce qui touche aux
« intérêts privés, ne règle que le droit et les obligations des
« Français ; qu'elle ne s'étend aux étrangers qu'en ce qui
« touche les dispositions de police et de sûreté ; que l'acte
« du consul étranger qui reçoit le rapport n'est pas un acte
« de juridiction... que cet acte peut être débattu par tous
« les éléments contraires et, qu'en conséquence, les tribu-
« naux français conservent l'indépendance de leur juridic-
« tion ». La Cour suprême, on le voit, écarte l'assimilation
de l'article 243 à un texte d'ordre public ; comme M. de Valroger, elle a vu que, si l'obligation de faire un rapport de
mer intéresse la police générale du pays, il en est autrement de la compétence du tribunal de commerce, puisque

(1) Du 23 novembre 1847, M.. 47, 2,145.

le consulat est, à un certain point de vue, le tribunal des
étrangers.

Le tribunal de commerce de Marseille, dans une affaire
connexe à la précédente (1), revenait encore aux mêmes considérations d'ordre public et repoussait l'argument qu'on
déduisait du principe de la réciprocité de droit, en rappelant
le traité franco-américain de 1800, qui laisse les droits
respectifs des deux nations sur le pied de ceux des nations
les plus favorisées, mais sans juridiction, et celui qu'on
déduisait de la réciprocité de fait, en la déclarant contraire
au principe de souveraineté. La Cour de cassation fit justice de cette fausse application de la loi comme dans la
première affaire (2).

Le 17 avril 1848, même argumentation en faveur de
l'incompétence consulaire par le tribunal de commerce du
Havre (3) : « Attendu qu'un rapport de mer constitue un acte
« de juridiction qu'un consul étranger est sans caractère
« pour accomplir sur notre territoire, en vertu de la
« maxime *locus regit actum* ». Et, le 26 février 1851,
mêmes réponses, mais plus explicites, de la Cour suprême :
« Attendu que l'acte du consul étranger qui reçoit le rap-
« port n'est pas un acte de juridiction, mais un acte *d'inter-*
« *vention consulaire*, de la nature de ceux qu'autorisent
« et que protègent les relations internationales et le droit
« des gens ; qu'on ne doit pas regarder non plus comme
« un acte de juridiction la nomination d'un expert par le

(1) Du 20 mai 1845, *M.*, 45, 1, 318.
(2) *M.*, 47, *loco citato*.
(3) *M.*, 51, 2, 17.

« consul étranger ou l'enquête qu'il ouvre pour entendre
« des témoins, ces divers actes n'étant également que des
« documents extra-judiciaires, pour lesquels le consul n'a
« aucun droit de coercition légale et qui, de même, n'ont
« pas l'autorité d'un acte de juridiction ».

On peut ajouter à cette série d'espèces un arrêt d'Alger
du 20 janvier 1877 (1), un jugement du tribunal civil de
Tunis du 9 mars 1893 (2), et un jugement de Nantes du 28 novembre 1891 (3), qui est la décision la plus intéressante de
celles rendues récemment en France sur cette matière. Ce
jugement ne se contente pas de poser le principe de la compétence consulaire, mais attribue au rapport devant le consul
la même force probante pour les tribunaux français contre
des Français que s'il avait été fait devant un officier public
français. Cette extension de compétence nous paraît signaler
l'ouverture d'une voie nouvelle dans laquelle nous estimons
que la jurisprudence de tous les pays devrait résolument
s'engager. L'article 247 de notre Code de commerce
attache aux rapports reçus par l'autorité judiciaire ou civile
une foi qui ne peut être combattue que par la preuve contraire, et il ne l'attache expressément qu'à ces rapports.
Mais, du moment qu'on écarte ici la règle *locus regit actum*
et qu'on soumet la forme de l'acte à la loi du pavillon, il
faut aller jusqu'au bout et lui faire produire tous les effets
qu'il eût produits dans le pays du navire.

La jurisprudence étrangère présente sur ces questions un

(1) *Bulletin de l'Algérie*, 77, 168.
(2) *Revue internationale du Droit maritime*, IX, p. 310.
(3) *Ibid.*, VIII, p. 359.

tableau assez varié. En Italie, où l'article 517 *in fine* du Code de commerce reconnait cependant aux consuls le droit de recevoir le rapport concurremment avec l'autorité locale, un arrêt de la cour d'Ancône, du 5 décembre 1885 [1], a jugé que le capitaine étranger, qui relâche dans un port du royaume, ne peut invoquer son rapport de mer, pour dégager sa responsabilité des avaries vis-à-vis des destinataires italiens, que si ce rapport a été fait, non devant le consul de la nation du capitaine, mais devant les magistrats auxquels la loi italienne attribue compétence en cette matière et dans les formes prescrites par ladite loi. Le 11 mars 1887, un jugement du tribunal de commerce de Naples a décidé de même sur un rapport dressé par un capitaine grec devant le consul de Grèce. Mais la cour de Naples, le 7 mai 1887 (2), a rendu un arrêt où l'on trouve ces considérants : « Attendu que la question de savoir si le rapport « de mer fait dans le royaume par un capitaine étranger « devant le consul de sa nation est un document pouvant « avoir une valeur devant l'autorité judiciaire italienne, « est évidemment une question de droit international privé « maritime ; qu'à raison de sa nature, elle ne peut se « résoudre qu'à l'aide des principes universels de récipro- « cité ». Le jugement avait invoqué l'article 10 des dispositions préliminaires du Code civil, d'après lequel la compétence et les formes de procédure sont régies par la loi du pays où se poursuit l'instance. La cour répliquait qu'il s'agissait précisément de faire remplir par le consul une fonc-

(1) *Revue intern. du Droit maritime*, II, p. 169.
(2) *Ibid.*, III, p. 87.

tion qu'il était admis à exercer de par la loi italienne, et à l'argument de réciprocité de fait elle ajoutait l'argument de la réciprocité de droit, qui découlait, en l'espèce, des articles 9 et 10 du traité gréco-italien des 15-17 novembre 1880 (1). «Presque toutes les législations », dit M. Chrétien en commentant cet arrêt, « reconnaissent la régularité des rapports faits en pays étranger par les capitaines devant leurs consuls nationaux. De cette identité de dispositions chez tous les peuples ne résulte-t-il pas une véritable stipulation tacite de réciprocité de traitement ? S'il n'en est pas ainsi, tous ces textes sont inutiles, ils ne pourront recevoir application. Les législateurs ayant eu, en définitive, à choisir entre l'établissement d'une réciprocité de fait et l'inefficacité des dispositions prises par eux, est-il difficile de déterminer sur laquelle de ces deux alternatives a porté leur choix ? » (2).

La Cour de cassation de Turin est néanmoins retombée dans les premiers errements de la jurisprudence et a, par arrêt du 6 avril 1889 (3), considéré comme irrégulières les déclarations des capitaines faites devant le consul de la nation dont le navire porte le pavillon.

En Belgique, un jugement du tribunal de commerce d'Anvers, du 5 septembre 1866 (4), consacre aussi énergiquement la souveraineté de la loi locale au nom de l'ordre public.

(1) Lire la brochure de M. LEBANO, qui plaida devant la cour de Naples et obtint l'infirmation du jugement.
(2) *Journal du Droit intern. privé*, 88, p. 147.
(3) *Ibid.*, 90, p. 380.
(4) *A.*, 66, 1, 371.

Malgré ces divergences dans la jurisprudence étrangère, nous admettrons sans réserves l'exclusion de la règle *locus regit actum* à l'égard du rapport de mer, même lorsque la loi du pavillon se trouvera en concurrence, non seulement avec la loi locale, mais encore avec la *lex fori*, ce qui était le cas dans toutes les espèces que nous venons de passer en revue. A plus forte raison donc, l'admettrons-nous lorsque ces deux dernières lois seront distinctes et que le rapport sera présenté devant une justice autre que celle du pays où il aura été déposé, car en ce cas la loi du navire ne sera plus en présence que de la loi du lieu (1). Celle-ci ne reprendra son empire que lorsqu'elle se confondra avec la loi du pavillon. C'est ce qu'a décidé un jugement du tribunal de commerce de Dunkerque le 14 août 1886 (2), d'après lequel un capitaine anglais plaidant en France peut, pour dégager sa responsabilité, invoquer un rapport de mer fait en Angleterre par son équipage en conformité des lois anglaises.

Quant au juge de la nation du consul, c'est en vertu de la loi même, du moins dans presque tous les pays (3), qu'il devra reconnaître la validité du rapport reçu au consulat national. Mais cette validité n'en sera pas moins subordonnée à la condition que le rapport ait été dressé et

(1) La question est vivement controversée en Allemagne : voir MAKOWER, *Das allgemeine Deutsche Handelsgesetzbuch*, 1880, p. 518.

(2) *Revue intern. du Droit maritime*, II, p. 550.

(3) En Grèce, en Autriche, à Haïti, on suit à cet égard la loi française. Voir aussi : Roumanie, art. 402; Espagne, art. 612 et 624 ; Pays-Bas, art. 869 ; Angleterre, *Merchant Shipping Act* de 1854, HOECHSTER et SACRÉ, I, p. 216 ; Suède, *ibid.*, p. 226 ; Russie, art. 620-647 ; Brésil; Belgique, art. 34 de la loi du 21 août 1879 ; Egypte, art. 59 du code maritime; Turquie, *ibid.*

vérifié par le consul conformément à sa loi nationale (1).

Pour les législations qui ne règlent rien à ce sujet, comme celle d'Allemagne, l'argument de réciprocité n'existant plus, à moins qu'elle ne soit pratiquée en fait (comme aux États-Unis), il pourrait rester quelques doutes. La doctrine estime pourtant que le consul allemand est compétent à l'étranger, mais concurremment avec l'autorité locale (2). De plus, relativement aux législations qui, comme celles du Mecklembourg-Swerin (3) et de la Finlande (4), ordonnent expressément l'application de la loi locale sur leur territoire, il faudra admettre vis-à-vis d'elles la réciprocité d'application de cette loi sur le territoire étranger.

En résumé, la règle *locus regit actum* est, en principe, sans application au rapport de mer comme règle obligatoire. Mais il en est autrement quand on l'envisage comme règle facultative. Il faut croire, en effet, qu'en donnant à leurs consuls le droit de recevoir les rapports des capitaines, les législateurs ont seulement voulu enjoindre à ceux-ci de s'adresser *de préférence* au consulat. Mais, même lorsqu'il y a sur les lieux un consul de la nation, le rapport déposé à l'autorité locale aurait la même valeur devant la justice nationale que devant la justice du lieu. Par exemple, un rapport dressé en France devant le président du tribunal de commerce par un capitaine étranger

(1) Bruxelles, 18 février 1886, *Revue intern. du Droit maritime*, II, p. 65.
(2) Voir WAGNER, *Handbuch des seerechts*, I, p. 404.
(3) Ordonnance du 28 décembre 1863, art. 59.
(4) Code maritime, art. 46.

serait valable, non seulement devant le juge français, mais encore devant le juge étranger.

Enfin, la règle *locus regit actum* s'appliquera obligatoirement au rapport exigé par la législation spéciale des douanes, lorsqu'il est question de réclamer une réduction de droits sur des marchandises avariées, car ici la mesure est administrative et d'ordre public et l'on ne peut confier au consul étranger le soin de contrôler un document qui sera dressé par un de ses nationaux précisément pour échapper aux rigueurs de la loi locale. Aussi est-ce à bon droit que le jugement du tribunal de commerce de Marseille du 28 février 1837 et l'arrêt de la cour d'Aix du 7 avril 1845, précités, ont déclaré qu'à cet égard les consuls ne pouvaient suppléer l'administration douanière (1).

Sur le troisième point, à savoir le délai dans lequel le rapport doit être fait, nous estimons qu'il variera suivant la législation du navire et que le capitaine devra se conformer à ce point de vue aux ordres de sa loi nationale. Il est d'ailleurs jugé, pour la France, que le délai de vingt-quatre heures n'est pas prescrit à peine de nullité (2).

Une observation reste à faire sur l'article 229, qui, en interdisant au capitaine de charger sur le tillac sans l'autorisation écrite du chargeur, a soulevé la question de savoir si cette autorisation devait être donnée dans la

(1) Voir Rouen, 26 décembre 1841. DALLOZ, *J. G.*, v° *Droit maritime*, n° 632 et 1125.

(2) Voir DALLOZ. *ibid.*, n° 419, et dans un autre sens : DE VALROGER, I, n° 485. *Adde :* LYON-CAEN, *Journal du Droit intern. privé*, 82, p. 489 et suiv.

même forme lorsque le contrat était intervenu hors de France, entre étrangers, sous l'empire d'une législation qui ne reproduit pas la disposition de cet article. Le 7 février 1829 (1), la cour de Bruxelles a rendu le capitaine responsable même en ce cas, d'après les principes généraux du droit qui le rendent comptable de sa faute même légère. Cela revient-il à dire que la loi du pavillon règle ici, en même temps que l'obligation du capitaine, la forme dans laquelle l'autorisation doit lui être donnée ? Point du tout, et M. Desjardins dit avec grande raison (2) qu'en pareille hypothèse c'est par application du droit commun, laquelle entraîne une présomption de faute, qu'on doit sanctionner le défaut d'autorisation par la responsabilité du capitaine, et que, si les circonstances de la cause démentent cette présomption, la manifestation par écrit du consentement du chargeur devient, à l'étranger, une formalité inutile, ce qui ressemble bien à une application pure et simple de la règle *locus regit actum*.

(1) Dalloz, J. G., v° *Droit maritime*, n° 398.
(2) II, p. 852, n° 433.

V

La règle *locus regit actum* ne rencontre aucune application intéressante à l'occasion de l'engagement et des loyers
des gens de l'équipage, traités par le titre V du Code, et
nous avons examiné à ce point de vue, tout ce qui pouvait en
être dit en étudiant les modes de justification des salaires et
notamment du privilège y attaché. Sur l'article 250, une
seule remarque suffira à vider la question : c'est que, les
différentes législations ayant soigneusement réglementé (1)
l'intervention des agents diplomatiques dans les contrats
d'engagement passés à l'étranger et en général dans tous
les actes qui sont faits concernant les gens de mer, on ne
pourrait concevoir l'application de la loi locale que comme
confondue avec la loi du pavillon, en considérant, ce que
n'admet pas la doctrine, le consulat comme un prolongement du territoire national (2). Il est, d'ailleurs, assez légitime que les marins qui s'engagent à l'étranger procèdent,
pour ce faire, dans les conditions que leur offre le capitaine. Il y a donc lieu, sous ce rapport, d'apprécier la

(1) Voir pour la France : DESJARDINS, III, n°s 62 et suiv.; RUBEN DE
COUDER, *Dictionnaire du Droit commercial*, v^o *Gens d'équipage*, n°s 185
et suiv.

(2) Voir pourtant, dans le sens de cette assimilation, une espèce relative à
un prêt à la grosse : Bruxelles, 18 mars 1886, *Revue intern. du Droit maritime*, I, p. 393.

preuve des engagements et leur validité d'après les règles ordinaires qui régissent les contrats en général, c'est-à-dire d'après la loi locale en principe, mais en fait d'après les prescriptions des gouvernements respectifs, suivant la nationalité des bâtiments. Ces prescriptions ne laisseront place à l'application exclusive de la *lex loci* que lorsque leur accomplissement aura été impossible (1).

(1) Voir encore sur cette question : VINCENT et PENAUD, *Dictionnaire du Droit international privé*, v° *Gens d'équipage*, n°s 120 et suiv.

VI et VII

Nous réunirons dans une même théorie les explications
à fournir sur la charte-partie, qui constate le contrat d'affrètement, et sur le connaissement, qui constate le contrat de
transport maritime. Ces deux titres ne représentent, en
effet, qu'une seule et même convention, puisque c'est en
réalité une seule et même chose que de louer un navire pour
y charger des marchandises et de confier des marchandises
à un commissionnaire de transports pour qu'il en prenne
la charge. Dans l'un et l'autre cas, le contrat s'analyse en
un louage de choses ou de services, et il n'y a, par suite,
aucune raison pour traiter différemment, au point de vue
international, deux actes qui symbolisent, au regard du droit,
une même opération. Si le Code de commerce paraît s'occuper de deux conventions distinctes, c'est que le même
acte revêt en fait des apparences juridiques différentes suivant le mode auquel les parties ont recours pour déterminer les bases de leurs accords. Mais, au fond, l'acte étant
unique, le statut qu'on lui appliquera devra l'être aussi.

Il est cependant un aspect particulier du connaissement
qu'il convient d'envisager séparément. Car, s'il constitue
la preuve du contrat de transport, il constitue également
le titre de propriété des marchandises dont ce contrat est
l'objet. Et, comme ce titre est susceptible de transmission,

il y aura à se demander quelle loi doit régler la forme de cette transmission lorsque le juge est chargé de l'apprécier après qu'elle a eu lieu en pays étranger.

En ce qui concerne les formes de la convention même de transport, il n'est pas difficile de juger bien vite que la règle *locus regit actum* est la seule qui puisse les gouverner. Nous avons dit que cette règle avait été formulée pour la première fois en matière de contrat, et l'on peut constater qu'en droit commun on l'applique surtout aux manifestations de la volonté réciproque des parties dans les conventions (1). Or, on ne voit pas pourquoi on dérogerait à ces idées pour un contrat qui, plus souvent peut-être que tous les autres, doit être envisagé au point de vue de la loi étrangère. Aussi les admettrons-nous, au moins à titre facultatif, quels que soient la nationalité des parties et le juge saisi de la contestation, et encore déclarerons-nous la règle obligatoire lorsque l'acte aura été passé entre des contractants de nationalité différente et qu'il sera invoqué devant le juge du lieu de sa conclusion. Conséquemment, si un affrètement est conclu entre deux Français dans un pays, comme la Belgique, où la preuve de ce contrat est possible par tous les modes admis en matière commerciale (2), le juge français devra laisser prouver cette convention en dehors de l'écrit exigé par notre article 273. Si, au contraire, il est conclu en France par un Belge et un Français, le juge belge devra se

(1) Voir VINCENT et PENAUD, *Dictionnaire du Droit intern. privé*, v° *Forme des actes*, n° 5.

(2) Loi de 1879 : VALROGER, II, n° 689.

contenter de la preuve testimoniale, puisque l'application de la loi locale est facultative *hoc sensu* ; mais le juge français pourra exiger la rédaction d'un écrit, car la règle *locus regit actum* nous paraît obligatoire dans ce dernier sens : il serait inadmissible, en effet, qu'un Français pût en France se dérober à sa propre loi (1). Mais nous maintiendrions cette solution même au cas où un Belge aurait contracté en France avec un Italien, la loi italienne ordonnant aussi, en principe du moins, la preuve écrite. Nous hésiterions davantage à décider ainsi dans l'hypothèse où les deux parties relèveraient chacune d'une législation qui consacre la liberté de la preuve.

Sans doute, il serait préférable que les grands contrats maritimes fussent régis à ce point de vue par des principes internationaux uniformes. Mais, tant qu'il en sera autrement, on est bien obligé d'appliquer aux étrangers la loi locale sous l'empire de laquelle ils sont venus d'eux-même se placer (2).

Ce n'est pas que le conflit soit de nature à se présenter fréquemment et que la jurisprudence ait eu souvent à le trancher. La convention d'affrètement est parfaite par le seul fait de l'accord des parties et les législations qui en exigent la constatation par écrit ne l'exigent qu'en vue

(1) Cette dernière idée a été appliquée par le tribunal de commerce de Marseille sur le principe du double original, dans une affaire où une charte-partie avait été rédigée à Marseille en exemplaire unique entre des affréteurs français et un capitaine italien (Du 9 décembre 1840, *M.*, 41, 1, 27).

(2) Voir l'art. 11 de l'avant-projet de loi internationale relative au commerce maritime : VICTOR JACOBS, *Revue intern. du Droit maritime*, 1, p. 665.

d'assurer la preuve plus facile des énonciations qu'elle contient, et non à peine de nullité (1). Or, la Cour de cassation, dans un arrêt déjà cité du 24 août 1880, a établi qu'aucune exception à la règle *locus regit actum* ne pouvait être apportée par les dispositions du Code civil sur la preuve testimoniale, qui ne constituent pas des prescriptions d'ordre public. Il y a là, ce nous semble, un important argument d'analogie et même d'*a fortiori*. En matière commerciale, en effet, l'article 109 est le grand régulateur de la question de preuve. Du moment donc que les articles 273 et 281 viennent apporter une restriction au principe posé par ce texte, il faut leur donner l'interprétation la plus étroite et ne les appliquer que dans l'exacte limite où ils sont expressément obligatoires. C'est ce qu'a jugé avec raison la cour d'Aix dans un arrêt du 30 août 1833 (2), sur une espèce où l'on présentait un connaissement dressé à l'étranger sans l'indication du domicile du capitaine, ni du tonnage du navire, ni du prix du fret, ni des marques et numéros des marchandises, et sans la signature du chargeur, contrairement aux articles 281 et 282 de notre Code.

On peut tirer un autre argument de l'application à peu près constante de la loi locale que font la doctrine et la jurisprudence aux *formes intrinsèques* et à l'interprétation des clauses de la convention (3). La Cour de cassation, en

(1) Voir Nantes, 9 janvier 1873, N., 75, 1, 83.
(2) M., 13, 1, 289.
(3) Voir la note sur un jugement du tribunal de commerce de Rouen du 23 avril 1888 : *Revue intern. du Droit maritime*, IV, p. 83.

effet, a compris la règle *locus regit actum* d'une façon beaucoup plus large que nous ne l'avons fait jusqu'ici et a entendu par l'*actus*, non plus seulement l'aspect extérieur de l'acte, mais encore les conditions fondamentales du contrat, comme, par exemple, une clause d'exonération qu'une compagnie de transport fait inscrire sur un billet de passage relativement aux bagages du voyageur (1). Cette interprétation est contraire à ce que nous avons établi dans notre introduction: par conséquent, quoique nous approuvions la tendance de la Cour suprême à faire régir le fond même des contrats par la loi locale, nous n'avons pas à examiner les nombreuses hypothèses où cette tendance a été manifestée par les cours et tribunaux, et nous nous bornons à renvoyer à la jurisprudence qui les résout dans ce sens (2), car, selon nous, la règle *locus regit actum* n'y est pas en jeu. Mais nous n'en sommes pas moins autorisés à conclure de cette jurisprudence que ce qui est aussi généralement admis pour la substance doit l'être à plus forte raison pour la forme. La présomption en vertu de laquelle on attribue aux parties l'intention de s'en référer aux lois ou usages locaux pour la portée de leurs conventions doit naturellement s'étendre aux moyens auxquels elles ont recours pour les réaliser. On peut, sans doute, répondre à cela que, lorsque les parties ont précisément violé la loi locale, il est difficile de leur prêter la pensée de s'y conformer. Mais, même en ce cas, il est permis de soutenir que

(1) Arrêt du 23 février 1864, *D. P.*, 64, 1, 166.
(2) Voir VINCENT et PENAUD, *loco citato*, v° *Transports maritimes*, n° 11 et suiv.

les contractants ont pu songer à la loi du lieu et que, s'ils l'ont transgressée, c'est uniquement pour se soustraire à ses exigences. Or, si les conventions sont absolument libres tant qu'elles ne blessent pas l'ordre public, la manière de les constater est, au contraire, sujette à la réglementation des législateurs. Ici donc, la présomption doit être forcée. Par suite, bien qu'il résulte des circonstances de la cause que les parties se sont référées à une autre législation que celle du lieu du contrat, on peut leur faire l'application de cette dernière au point de vue de la forme de leur convention.

Un jugement du tribunal de commerce de Marseille, du 31 décembre 1821 (1), a fait une application aussi complète que possible de la loi du lieu au contrat de transport maritime, en décidant que, là où l'usage du connaissement n'est pas admis, il peut y être suppléé, pour la preuve du chargé, par la production d'autres pièces dont il est laissé aux juges le soin d'apprécier la valeur. En vertu de cette idée, il a considéré comme suffisamment justificatives, à l'encontre d'un assureur sur facultés, des factures et traites et des livres de l'assuré constatant la valeur du chargement au départ, par ce motif que, dans les parages où avait eu lieu la traversée, les capitaines ne signent aucun engagement et que le commerce s'y fait par simple échange et sans qu'il en soit passé acte. Et un arrêt de la cour de Caen, du 7 septembre 1883 (2), a posé catégoriquement le principe aussi bien pour la forme de la charte-partie que

(1) DALLOZ, *J. G.*, v° *Droit maritime*, n° 1756.
(2) *Journal du Droit international privé*, 84, p. 262.

pour le fond des accords qu'elle constate. Enfin, la cour de Bordeaux, le 19 décembre 1894 (1), a jugé que la violation de loi locale relativement à la forme du connaissement dégageait le capitaine de toute responsabilité à l'égard des marchandises. Le titre avait été, dans cette espèce, créé en Finlande et ne portait pas la signature du capitaine, mais celle d'un tiers ; or, le code maritime finlandais ne tient le capitaine pour obligé que dans la limite de ce qu'il a approuvé par sa signature. Aussi la cour le déclara-t-elle indemne d'un déficit constaté à l'arrivée sur le chargement.

En définitive, si la question n'est pas résolue expressément par un grand nombre de décisions, toutes celles qui ont trait au fond la résolvent implicitement, puisque ce qui est jugé quant au fond doit l'être aussi quant à la forme. Il faut cependant signaler une exception à cette solution pour le cas où les parties auront passé l'acte devant leur consul. Il est certain qu'alors la règle *locus regit actum* leur imposera l'observation, non plus de la loi locale, mais de la loi que ce consul représente, et qu'on ne pourrait transposer à cette hypothèse ce que nous avons dit pour les autres, qu'en assimilant le consulat au territoire national (2). Mais il va sans dire que l'intervention du consul est essentiellement facultative, et, comme le dit M. Laurin, « ici domine la grande règle que

(1) *Revue internationale du Droit maritime*, X, p. 576.

(2) Voir une thèse de M. JOSEPH RAYNAUD, sur la *compétence des chanceliers pour recevoir les contrats maritimes*, Paris, Parent, éditeur, 1874, p. 192 et 220.

tout acte à l'étranger est valable s'il est conforme à la loi étrangère » (1).

Il est un point plus délicat à trancher : celui de savoir quel lieu, dans le contrat de transport par mer, on doit entendre par *lieu du contrat*. Les parties, se trouvant souvent dans des endroits différents, échangent plus d'une fois leurs accords par voie de correspondance ou d'intermédiaire. Sans entrer dans la controverse générale qui divise les auteurs à ce sujet (2), il suffit de dire que le lieu du contrat est celui où il est devenu définitif : or, pour les contrats consensuels, comme l'affrètement, où il le devient par l'échange des volontés respectives des parties, on doit dire, semble-t-il, que leur lieu est celui où elles acquièrent l'une et l'autre la connaissance mutuelle de ces volontés. Cependant, nous répugnerions à admettre ce système foncièrement juridique, sauf dans les cas où le contrat n'a pas été constaté par écrit, et nous croyons que, lorsqu'il est passé un acte destiné à lui donner une existence matérielle, c'est au lieu où cet acte est dressé que l'on devra réputer le contrat parfait. Le langage grammatical est ici plus exact que le langage du droit, au moins quand il s'agit de déterminer le lieu de l'acte au point de vue de la loi qu'on devra lui appliquer quant à sa forme. Il serait, par exemple, peu

(1) LAURIN sur CRESP, II, note de la page 42.
(2) DEMOLOMBE, *Contrats*, I, n° 75 ; AUBRY et RAU, IV, p. 201, note 25 ; DESPAGNET, p. 401 ; WEISS, p. 800 ; FŒLIX, p. 716 ; SAVIGNY, VIII, p. 373 ; FIORE, p. 676-679 ; ASSER et RIVIER, p. 76. *Adde :* JULES VALÉRY, *Des Contrats par correspondance*, p. 376, n° 424 ; Bruxelles, 1er décembre 1884, et cour de Liège, 22 avril 1885, *Journal du Droit international privé*, 86, p. 369, et la note.

logique de se contenter de la forme sous seing privé pour
un contrat daté d'un pays où, d'après la loi locale, il eût
dû être passé en la forme authentique. Mais, même pour
les contrats dans lesquels l'écrit n'est pas exigé *ad solemnitatem*, mais seulement *ad probationem*, comme le contrat d'affrètement, on peut dire, au point de vue de la forme
tout au moins, que le contrat n'est devenu parfait qu'au
lieu où cette forme lui a été donnée pour arriver à en établir l'existence. Aussi n'approuvons-nous pas un arrêt de
Douai, du 10 novembre 1885 (1), qui a considéré comme
lieu d'un affrètement celui où une charte-partie avait été
acceptée par l'armateur, bien qu'elle eût été préparée et
signée dans un autre pays (2).

On ne saurait non plus localiser le contrat dans le lieu
dont les contractants ont employé la langue, bien qu'ils
l'aient en réalité passé ailleurs que dans ce lieu. En Allemagne, on rédige fréquemment les chartes-parties en anglais ; mais Lewis dit avec raison que les parties n'en sont
pas moins réputées avoir contracté en Allemagne (3), et le
tribunal de Hambourg a décidé de même (4). La jurisprudence belge s'est aussi rangée à cet avis (5). La rédaction
d'un acte dans une langue étrangère serait un moyen trop
facile d'éluder les prescriptions de la loi territoriale.

(1) *Revue intern. du Droit maritime*, I, p. 869.
(2) Rapprocher : Cass., 26 février 1879, *M.*, 79, 2, 142 ; Marseille, 4 septembre 1884, *ibid.*, 84, 1, 286.
(3) *Das deutsche Seerechts*, I, p. 185.
(4) Du 6 septembre 1866, *Journal du Droit intern. privé*, 77, p. 860.
(5) Anvers, 27 avril 1880, *A.*, 80, 1, 251 ; Bruxelles, 24 juin 1880, *ibid.*, 82
2, 10.

Ceci nous amène à examiner si l'on doit, en vertu de la règle *locus regit actum*, valider en toutes circonstances l'affrètement constaté dans une langue étrangère à l'une des parties, par cela seul que cette langue aura été celle du lieu de l'acte. En sera-t-il de l'usage comme de la loi ? Un jugement précité de Marseille, du 9 décembre 1840, a résolu négativement cette question, en déclarant nul l'engagement résultant pour un capitaine étranger d'une signature apposée au bas d'une charte-partie écrite dans une langue qu'il ne connaissait pas et en l'absence d'un interprète. Et, le 28 novembre 1854 (1), le même siège reproduisait cette solution, en exigeant, à peine de nullité et à défaut d'interprète, la présence du consul. Il revenait ensuite sur cette jurisprudence en décidant, le 29 mars 1865 (2), qu'un capitaine français qui avait signé en Angleterre, sans l'assistance d'un interprète, un connaissement rédigé en anglais, ne pouvait se délier des obligations résultant pour lui des énonciations y contenues. Le 5 mai 1880 (3), il jugeait de même pour la signature d'un écrit en langue française, par lequel un capitaine italien reconnaissait la responsabilité d'avaries souffertes par des marchandises à lui confiées, et, le 13 novembre 1883, étendait cette interprétation à une charte-partie signée à Oran entre capitaine et affréteurs également grecs (4). Enfin, il l'appliquait, le 19 octobre 1892, à une reconnaissance, faite en France et en langue

(1) Voir HOECHSTER et SACRÉ, I, p. 321.
(2) M., 65, 1, 64.
(3) M., 80, 1, 109.
(4) M., 84, 1, 46.

française et signée par un capitaine italien, du vide constaté au départ d'un navire pour servir de base au règlement ultérieur du fret (1). Nous n'entrerons pas dans l'analyse de ces diverses décisions, qui ne jugent d'ailleurs qu'en fait et font, non sans raison, découler leurs solutions des circonstances et de la bonne ou mauvaise foi des parties. Tout ce qu'on peut dire, c'est que l'on conçoit très bien qu'en l'absence de lois ou règlements imposant l'intervention des interprètes ou des consuls, l'emploi de la langue usitée dans le lieu du contrat établisse une présomption de sincérité en faveur de l'acte rédigé dans cette langue. En ce sens et dans cette limite, l'application de notre règle nous paraît tout à fait légitime, sauf à avoir tel égard que de raison aux présomptions contraires tirées de la nationalité des parties. Il est, d'ailleurs, assez naturel de faire retomber sur le capitaine la faute d'avoir apposé sa signature au bas d'un texte rédigé en langue étrangère, sans s'être mis à même de savoir exactement quelles obligations il assumait (2).

Il y a aussi un mot à dire des formes de la protestation généralement exigée (3) pour faire courir les surestaries, qui ne sont qu'une suite du contrat d'affrétement, puis-

(1) *Revue internationale du Droit maritime*, VIII, p. 118.

(2) Voir UMBERTO PIPIA, *Il Contratto di Noleggio* (Turin, Union typographique, 1863) : « Il capitano di una nave, al quale sono affidati tanti e così gelosi incarichi *imputat sibi* se non sapeva quello chi firmasse, se appose stoltamente la sua firma senza conoscere quale obbligazione si assumesse ; vi é da pensare negligenza gravissima che assai si accosta al dolo e che lo costituisce in colpa ».

(3) Voir DE VALROGER, II, n° 696 ; *contrà* : DESJARDINS, III, n° 778, et la jurisprudence y rapportée.

qu'elles naissent de sa violation. Il est admis que cette protestation peut résulter de tout acte jugé suffisant par les tribunaux (1), si ce n'est toutefois que la dernière jurisprudence d'Anvers réclame une signification en due forme (2). On doit donc à cet égard accorder pleine validité à la mise en demeure que le capitaine fait tenir au chargeur conformément à la loi ou à la pratique locale. C'est ce que jugeait, le 20 février 1837 (3), le tribunal de commerce de Marseille, qui considérait comme valables les protestations, faites par un capitaine français en Angleterre devant les autorités du lieu, à raison de surestaries encourues pendant le chargement de son navire. Ce qui ne l'empêchait pas de juger encore, le 9 avril 1862 (4), que la protestation faite à l'étranger devant le consul de France sauvegardait pleinement aussi les droits du capitaine. D'où il résulte qu'à ce point de vue la règle *locus regit actum* peut être invoquée, mais dans un sens purement facultatif. Cette solution est, d'ailleurs, reconnue sous une forme générale par la jurisprudence pour tout ce qui concerne la question de la planche et des surestaries (5).

Reste un dernier point. Le connaissement, avons-nous dit, titre du contrat de transport, est, de plus, représentatif

(1) Voir JACOBS, *Droit maritime belge*, I, p. 331.

(2) *A.*, 80, 1, 253.

(3) *M.*, 38, 1, 253.

(4) *M.*, 61, 1, 45.

(5) Haute Cour de justice, 9 décembre 1890, *Revue intern. du Droit maritime*, VI, p. 474; Cour suprême de Judicature, 2 mai 1891, *ibid.*, VII, p. 327. Il a, du reste, été jugé que la protestation est inutile à défaut d'une autorité compétente pour la recevoir : Marseille, 28 mai 1857, *M.*, 57, 1, 221; 24 juin 1858, *ibid.*, 58, 1, 233.

de la marchandise. Sous ce rapport, il est négociable par endossement lorsqu'il est à ordre, comme un simple effet de commerce (art. 281, *in fine*). Mais il est reconnu qu'il n'emporte en France transmission de propriété que s'il énonce le nom de celui à l'ordre de qui il est passé et s'il exprime la valeur fournie (1). Ces deux conditions seront-elles applicables aux connaissements endossés à l'étranger, ou faudra-t-il régler la forme du transfert d'après la loi du lieu où il aura été opéré ?

Le 31 mars 1865, le tribunal de commerce de Marseille (2) a décidé qu'un connaissement, créé en Espagne sans la clause à ordre et endossé en France sans la mention de la valeur, n'avait pu être, en Angleterre, valablement donné en nantissement à un créancier étranger : « Attendu, « disait-il, que les effets du connaissement résultent de la « forme sous laquelle il a été fait ; qu'ils sont, par suite, « déterminés par la loi en vigueur dans le pays où il a été « dressé, c'est-à-di. par la loi espagnole, qui est con- « forme au Code français ». L'acte était, dans cette hypo- thèse, deux fois nul, puisque la loi locale avait été deux fois violée. Si maintenant nous supposons qu'un connaissement, créé à ordre en France, ait été endossé en Belgique sans date ni mention de la contre-valeur, devra-t-il être considéré par nos juges comme régulier? Assurément, car la loi de l'acte est ici la loi du lieu de *l'endossement*, puisqu'il s'agit pré- cisément d'apprécier la valeur du titre au point de vue du

(1) Voir DALLOZ. *Code de commerce annoté*, art. 281, n°s 19 et suiv.
(2) M., 65, 1, 55.

transfert de propriété. Or, la jurisprudence belge (1) ne soumet l'endossement des connaissements à aucune espèce de formes. La cour de Bordeaux, le 7 juin 1880 (2), a de même validé l'endossement d'un connaissement à ordre consenti par un porteur auquel il avait été à lui-même endossé en blanc, par cela seul que l'opération avait été faite à Hambourg et que la loi allemande attribue à l'endossement en blanc apposé sur un connaissement à ordre la valeur d'un endossement à ordre. Le 8 décembre 1881 (3), la cour de Paris a également reconnu comme translatif de propriété l'endossement en blanc d'un connaissement effectué à la Louisiane, où ce genre d'endossement suffit au transfert. Le 26 juin 1882, le tribunal de commerce de Marseille déclarait transmissible par endossement un connaissement portant la mention « or to his assigns » et rédigé en Angleterre, où cette mention équivaut à la mention *à ordre* (4). Enfin, le 27 mars 1886 (5), le tribunal civil du Havre faisait produire tous ses effets à un connaissement endossé en blanc aux États-Unis, où cet endossement a la même valeur que fait à personne dénommée (6).

(1) Anvers, 7 février 1874, *Journal du Droit intern. privé*, II, p. 215.
(2) *Ibid.*, 81, p. 155, et la note.
(3) *Ibid.*, 85, p. 79.
(4) *Ibid.*, 83, p. 278.
(5) *Ibid.*, 88, p. 350.
(6) On peut voir aussi un jugement du tribunal de commerce de Rouen, qui a donné la même valeur à la mention *valeur fournie*, apposée sur un connaissement endossé par une banque russe, qu'à la mention *valeur en compte*, employée en France : 26 octobre 1894, *Revue intern. du Droit maritime*, X, p. 594.

La jurisprudence belge s'est prononcée dans le même sens. Un jugement du tribunal de commerce d'Anvers, du 30 mars 1885 (1), a décidé que l'endossement en blanc d'un connaissement, opéré en France, était régulier, parce que le titre était au porteur, et implicitement reconnu la souveraineté de la législation locale dans cet ordre d'idées, en laissant entendre qu'il eût été irrégulier comme connaissement à ordre, en vertu de la loi française.

On peut remarquer que la jurisprudence ne fait qu'appliquer au connaissement ce qu'elle décide pour la lettre de change, pour laquelle elle admet l'application de la règle *locus regit actum*, soit que la traite, créée à l'étranger, ne porte pas la mention *valeur fournie* (2), soit que l'endossement ait été donné en blanc (3). L'assimilation, d'ailleurs, s'impose à l'esprit, car l'opération de l'endossement du connaissement est la même, dans ses effets, que celle de l'endossement de la lettre de change : elle a toujours pour résultat de dessaisir l'endosseur d'un droit de propriété en faveur du porteur et de lui transmettre une valeur dont le premier abandonne la disposition au second (4). Il

(1) *A.*, 85, 1, 238.

(2) Trib. civ. de Marseille, 5 décembre 1876, *Journal du Droit intern. privé*, 77, p. 425, et la jurisprudence rapportée dans la note.

(3) Trib. de commerce de la Seine, 26 mai 1882, et cour de Paris, 22 mars 1884, *ibid.*, 84, p. 183. *Adde :* cour de Pondichéry, 10 août 1874, *ibid.*, 1879, p. 554 ; cass. de Turin, 7 mars 1883, *ibid.*, 85, p. 457. Rapprocher : trib. de commerce de Saint-Pétersbourg, 27 janvier 1875, *Journal du Droit intern. privé*, 78, p. 297.

(4) Voir toutefois la différence entre la lettre de change et le connaissement signalée, au point de vue de la négociabilité, par Lord Campbell : DESJARDINS, IV, p. 77.

y a, par suite, le même intérêt à soumettre aux mêmes
conditions de validité l'endossement de ces deux titres,
lorsqu'il a eu lieu à l'étranger. Si la loi territoriale doit
gouverner l'un, il n'y a aucune raison pour que l'autre
n'en soit pas également justiciable.

Un arrêt de cassation, du 1er mars 1843 (1), a fort bien
marqué la similitude de ces actes, et l'on peut extraire des
conclusions du demandeur au procès quelques lignes qui
rendent l'égale importance de l'accomplissement des formes
prescrites par la loi pour le connaissement et pour la lettre
de change et, par suite, l'égal intérêt qu'il y a, au point
de vue international, à leur faire application des mêmes
lois : « Il en est du connaissement, en pareil cas, comme
de toute autre espèce d'effet de commerce. Endosser une
lettre de change, un billet à ordre, un contrat de prêt à la
grosse, c'est donner à celui qui est nommé dans l'endossement le droit de se faire délivrer les valeurs ou objets au
paiement ou à la remise desquels ces divers titres assujet-
tissent leurs souscripteurs. Dans la négociation de tous
ces titres, on ne peut contester que l'énonciation de la
valeur fournie soit *une condition substantielle*, parce
qu'elle seule, en effet, prouve, à l'égard des tiers, la légitimité de la cause qui a motivé la négociation. Il en est
de même du connaissement à ordre ».

Il ne faudrait pas vouloir tirer de là que la règle *locus
regit actum* est précisément exclue par ce caractère essentiel
des formes de l'endossement. La loi française met sur le

(1) *S.*, 43, 1, 186.

même pied, à ce point de vue, tous les effets de commerce; mais, pas plus pour ces actes que pour les autres, nous ne sommes autorisés à considérer la forme, si substantielle soit-elle, comme intéressant assez l'ordre public pour s'imposer aux étrangers qui contractent sur le territoire. Nous estimons même que, si le juge français ne peut valider l'endossement d'un connaissement fait en France par des étrangers en dehors des conditions voulues par nos lois, le juge étranger, au contraire, sera libre de lui reconnaître dans ces circonstances la valeur que sa propre loi lui attribue lorsqu'il a lieu dans le pays même des parties (1).

Mais, ainsi entendue, nous croyons que l'application de la règle *locus regit actum* ne doit nullement dépendre de cette circonstance que la marchandise aura été expédiée d'un lieu autre que celui de l'endossement ou qu'elle doit être reçue dans une autre localité. Celui auquel un connaissement est endossé ne peut être obligé que de s'en référer à la loi locale pour vérifier la régularité de l'endos, et ce serait, la plupart du temps, surprendre sa bonne foi que de le contraindre à s'assurer, dans tous les cas, de la provenance ou de la destination des objets représentés par le titre auquel il fait confiance. Le tribunal de commerce de Marseille a pourtant jugé que la loi française était seule applicable en France aux titres dont l'exécution doit avoir lieu en France, et notamment à un connaissement créé à l'étranger, en ce qui concerne les dispositions des articles

____

(1) Voir encore, en faveur de l'application de la loi du lieu de l'endossement, un article de M. LYON-CAEN, dans la *Revue critique de législation et de jurisprudence*, 1892, p. 573.

137 et 138 du Code de commerce (1). Il est vrai qu'il l'a fait avec cette réserve, qui est un hommage à la règle *locus regit actum* : « Attendu que, s'agissant d'un « titre dont l'exécution doit avoir lieu en France même à « l'arrivée du vapeur..., le tribunal n'a pas à appliquer à « la cause d'autres dispositions que celles de la loi fran- « çaise ; que, d'ailleurs, les demandeurs, qui prétendent « s'abriter derrière la maxime *locus regit actum*, ne « démontrent pas, ce qui aurait été à leur cha.ge, que « la loi turque reconnaisse comme valable et transmettant « la propriété de l'objet un endossement qui n'énonce « aucune valeur fournie ». Ce qui entraîne bien évidem- ment cette conclusion, que, si la preuve en question eût été rapportée, le tribunal en eût admis toutes les consé- quences.

La nationalité des parties doit être aussi sans influence. Le connaissement, considéré comme effet de commerce, peut passer en de nombreuses mains, et le crédit qui s'y attache va plus au document qu'à la personne de l'endosseur. De plus, ce serait une véritable entrave à sa transmission que d'obliger les parties à se renseigner mutuellement sur leur nationalité avant de procéder à cette transmission. L'application de la loi du lieu s'impose à cet égard par son extrême simplicité.

(1) Du 28 février 1891, *Revue internationale du Droit maritime*, VI, p. 693.

VIII

Il n'y a rien de particulier à relever dans les articles 286-310 du Code de commerce au point de vue de notre étude. D'une part, en effet l'article 286, en disant que le fret est constaté par la charte-partie ou le connaissement, nous renvoie aux explications qui précèdent, et, de l'autre, l'article 307, qui accorde au capitaine un privilège sur le chargement pour le paiement du fret, indique suffisamment par son silence que ce privilège se justifie par la convention d'affrètement, dont nous venons de parler, et par tous les autres moyens de preuve propres à établir la créance.

IX

Nous avons examiné plus haut, en commentant les articles 192, 234 et 312, le conflit de lois que peut soulever l'accomplissement des formalités que ces textes exigent, tantôt du prêteur à la grosse, tantôt du capitaine qui emprunte, soit en France, soit à l'étranger. Mais il reste à déterminer la loi qui doit régir les énonciations du contrat de grosse, et la preuve des droits qu'il engendre, ainsi que le mode de transmission de la créance du prêteur. Nous pouvons dire, d'une façon générale, que la règle *locus regit actum* est incontestablement applicable à ces divers ordres d'idées. En ce qui concerne l'endossement du titre, nous ne pourrions que répéter ce que nous avons établi pour le connaissement, car, étant admis que la négociation du billet de grosse a les mêmes conséquences que celle des autres effets de commerce (1), il y a les mêmes raisons de simplicité et de commodité pour la soumettre au même statut que celle-ci, sous les réserves formulées ci-dessus. Quant aux mentions et à la force probante du titre, il faut les apprécier suivant les règles que le droit commun applique à tous les contrats, en les distinguant soigneusement des conditions que les législations propres à chaque

(1) Voir DESJARDINS, V, p. 188.

État imposent au capitaine pour contracter l'emprunt. C'est cette distinction que n'a pas établie une doctrine nombreuse, qui prétend régir uniformément toutes les formes du prêt à la grosse par la loi du pavillon en principe et facultativement par la loi du lieu. Un avocat de Turin, M. Prospero Ascoli, dans une savante étude sur le contrat de grosse, conclut à l'adoption exclusive de la loi du navire, sur ce fondement que ce contrat est avant tout *réel* de sa nature (1). Et le Congrès d'Anvers de 1885 (2), qui a fini, après une vive discussion, par convenir de la formule suivante : « Les pouvoirs du capitaine pour contracter un emprunt à la grosse sont déterminés par la loi du pavillon, sauf pour lui à se conformer, quant à la forme des actes, soit à cette loi, soit à celle du lieu du contrat », ne paraît pas avoir soupçonné qu'il pût s'agir d'autres formalités que de celles qui ont trait à la capacité du capitaine à ce point de vue. Cela est si vrai que M. Clunet ayant, au cours du débat en commission, proposé que *les formalités instrumentaires* de l'emprunt fussent accomplies suivant la loi locale ou suivant celle du capitaine, M. Lyon-Caen fit remarquer que « les formalités instrumentaires n'étant prescrites par aucune législation, il importe surtout de résoudre la question en ce qui concerne les autorisations nécessaires pour emprunter ». Et M. Sainctelette, dans sa proposition, ne s'inquiète aussi que des pouvoirs du capi-

(1) *Prestito di Cambio marittimo* (Turin, Union typographique, 1890, p. 119 et suiv.) : « Ritenuta la natura essenzialmente reale del contratto in questione, noi non esitiamo a preferire la legge dello statuto al quale la nave appartiene ».

(2) P. 112 et suiv.

taine. Enfin, en assemblée générale, il n'est parlé que de l'autorisation du consul ou du magistrat, de l'adjudication que certains pays exigent pour la réalisation de l'emprunt, bref des conditions imposées, non pas au titre lui-même, mais à la personne du capitaine. Il existe pourtant des formalités instrumentaires, c'est-à-dire *requises ad probationem,* qui méritent de fixer l'attention, en dépit du peu de cas que semble en faire M. Lyon-Caen. L'article 821 du code péruvien de 1852 exige la présence de deux témoins et, à Malte, le contrat de change maritime (1) ne peut se faire que par acte public notarié. Or, il paraît bien impossible de gouverner ces formes par la loi du pavillon en principe et facultativement par la loi du lieu. Si les parties sont de nationalité étrangère entre elles et par rapport au pays de l'acte, il n'y a aucun motif pour régler la validité de cet acte par la loi du capitaine plutôt que par celle du prêteur ; et cela sera vrai à plus forte raison lorsque le prêteur est un national par rapport au lieu du contrat. Dans ces deux hypothèses, la règle *locus regit actum* sera obligatoire pour le juge local et ne sera facultative que devant le juge du pays auquel appartiennent les parties. Tout ce qu'il faut reconnaître, c'est qu'à l'application de la loi locale viendra quelquefois s'ajouter celle de la loi des parties, lorsqu'elles seront de la même nationalité et que les dispositions de leur loi personnelle les obligera à faire intervenir leur consul. Le code argentin, par exemple, exigeant la légalisation du consul pour l'emprunt

(1) *Compendio* de 1841, analysé par A. DE SAINT-JOSEPH (*Concord.,* p. 309).

contracté entre citoyens argentins (art. 1281) et le code prussien l'exigeant également entre citoyens prussiens (art. 825), les nationaux de ces pays ne pourraient invoquer devant leurs tribunaux un prêt à la grosse réalisé sans l'intervention consulaire dans un lieu étranger où cette intervention a été possible ; mais il va sans dire qu'ils pourraient l'invoquer devant la justice de ce lieu, pourvu qu'ils aient obéi à ses lois (1).

Ces solutions dérivent de la double nature du prêt à la grosse. Il est surtout réel, puisqu'il emporte toujours une affectation du navire ou du chargement à la garantie du bailleur de fonds. Mais juridiquement, et malgré les ressemblances qui le rapprochent en fait de l'assurance, il s'analyse en un simple *mutuum*, auquel la loi attache certains avantages pour le prêteur en compensation des risques particuliers qu'il assume. Il importe donc d'envisager distinctement le droit réel et le droit personnel qu'il fait naître, et, comme la preuve du contrat tend à les établir l'un et l'autre, il n'y a pas de raison pour appliquer aux formes qui ont pour but de l'administrer la loi de l'objet, c'est-à-dire du navire, plutôt que la loi des contractants et, entre ceux-ci, celle de l'un plutôt que celle de l'autre.

Comme pour les contrats déjà étudiés, ces mêmes solutions ont l'inconvénient de faire dépendre la validité et la force probante du prêt de la juridiction appelée à l'apprécier, et l'on sait que le droit international doit tendre à rendre valable devant les juges de tous les pays l'acte passé sui-

(1) Voir les prescriptions des diverses législations à cet égard : DESJARDINS, V. n° 1651.

vant une loi unique, adoptée comme loi-type. Mais ce résultat n'est qu'un *desideratum* et, tant qu'il ne sera pas consacré, pour chaque acte particulier, par des traités ou par une législation internationale commune à tous les États, il faudra se résigner à voir la valeur des faits juridiques jugée différemment suivant les magistrats devant lesquels ils sont invoqués.

X

Le contrat d'assurance, auquel a trait le titre suivant du
Code, a été défini par Emerigon (1) un acte *du droit des
gens*. Quoique cette définition convienne aussi bien à tous
les contrats maritimes et même à tous les contrats commerciaux en général, elle marque de quelle liberté, dans
la pensée de l'auteur, ce contrat si cosmopolite doit parti-
ciper en droit international. Elle nous autorise aussi à
faire aux formes de ce contrat et à celles des actes qui
s'y rapportent une application de la règle *locus regit actum*
pour le moins aussi large qu'à celles des divers contrats
qui précèdent. Il importe, du reste, qu'une convention qui
intervient très souvent en cours de route, au fur et à mesure
des chargements successifs du navire, assure à ceux qui
l'ont passée en la forme locale le droit de la prouver en
tous pays, quelle que soit leur nationalité. Nous lui appliquerons donc, en principe, notre règle comme une faveur,
et nous serions tenté de restreindre son caractère obligatoire aux cas où, non seulement le juge appelé à se prononc-
cer sera celui du lieu du contrat, mais encore où l'une des
parties au moins sera un national de ce lieu. Cette solution
nous paraît, au demeurant, indépendante de l'opinion qu'on

(1) I, p. 124.

peut avoir sur le caractère plus ou moins essentiel de certaines formes du contrat d'assurance, qu'une partie de la doctrine considère comme requises à peine de nullité, telles que la rédaction d'un écrit (1) ou la confection d'un même nombre d'originaux qu'il y a de parties (2). Nous avons, en effet, admis que les conditions externes requises par la loi même *ad solemnitatem* devaient être, comme les autres, épargnées aux étrangers qui contractent en France conformément aux lois de leur pays et aux Français qui contractent à l'étranger en observant les règles locales. Car, la loi étant silencieuse sur ces points, on est en droit de l'interpréter dans le sens le plus favorable à la validité et à la preuve des transactions. A l'égard donc du juge national des parties, la règle *locus regit actum* aura pour effet de leur permettre l'accomplissement des prescriptions de la loi du lieu lorsqu'elles seront moins rigoureuses que celles de leur loi personnelle ; et, à l'égard du juge local, elle n'aura d'autre effet que de l'obliger à invalider le contrat ou à en refuser la preuve lorsqu'il aura été passé en violation de la loi territoriale entre parties dont l'une était un sujet du territoire ; car, en ce cas, la convention ne peut être divisée dans son efficacité et reconnue valable d'un côté et nulle de l'autre. Par application de ces idées, nous dirons que, les codes finlandais (art. 171), allemand (art. 788) et suédois (art. 204) n'imposant à la convention d'assurance aucune

(1) EMÉRIGON, I. p. 26 ; POTHIER. *Traité du contrat d'assurance*, nos 96 et 97 ; DELVINCOURT, *Inst. de Droit commercial*, II, p. 398 ; LAPORTE, *Commentaire sur le Code de commerce*. *Adde* : Ordonnance de 1681, titre des *Assurances*, art. 2 ; DESJARDINS, VI, no 1803.

(2) LOCRÉ, IV. p. 8 ; BOULAY-PATY, III, p. 252 ; VINCENS, III, p. 207.

forme particulière, toutes personnes qui auraient assuré ou fait assurer sous leur empire pourraient être admises à prouver leur contrat en tous pays; mais que, par exemple, un sujet allemand qui voudrait invoquer devant les tribunaux français une assurance contractée en France avec un Français, soit comme assureur, soit comme assuré, devrait présenter un contrat conforme aux prescriptions de notre article 332. La coutume anglaise est, à ce point de vue, plus forte que les actes législatifs eux-mêmes, car, malgré les termes catégoriques de l'article 7 de la loi du 31 mai 1867, qui porte qu' « aucun contrat d'assurance maritime ne sera valable s'il n'est exprimé dans une police », les juges ne contestent pas la validité de l'assurance conclue verbalement lorsque le statut local n'y fait point obstacle (1).

Le conflit ne doit pas se trancher autrement lorsqu'il s'agit des mentions de la police sans lesquelles semblent faire défaut les éléments mêmes du contrat d'assurance, par exemple les noms des parties et la désignation de l'objet du risque. Du moment que la preuve de la convention peut, dans certains pays, être administrée par tous les modes, on ne conçoit pas une seule énonciation qui doive être considérée comme sacramentelle et comme constituant une condition *sine quâ non* de l'existence du contrat (2). Il n'est pas douteux pourtant que la validité des polices souscrites à l'étranger dans la forme étrangère ne pourrait avoir pour

(1) DESJARDINS, VI, p. 45.

(2) On admet en France la validité d'une police dans laquelle le nom du navire est inexactement énoncé, si son identité ne laisse aucun doute (DALLOZ, *J. G.*, v° *Droit maritime*, n° 1494).

effet de rendre valable dans le pays où elle serait invoquée une police qui contiendrait des énonciations ayant pour but de donner au contrat un caractère que la loi territoriale prohibe expressément pour un motif d'ordre public. La validité de la forme ne peut emporter la validité du fond lorsqu'il heurte un principe incontestable à l'application duquel le juge ne peut se soustraire (1).

Emérigon entend tout différemment l'application de la loi du lieu. « Les règles établies par nos ordonnances, dit-il, doivent sans difficulté être observées vis-à-vis de l'étranger, qui, étant dans le royaume, se fait assurer ou devient assureur. L'étranger qui contracte dans les terres d'un État est tenu, comme sujet à temps de cet État, de se soumettre aux lois du pays; et, par raison de réciprocité, il peut revendiquer les droits et les priviléges de ce même pays au sujet du contrat qu'il y a passé ». Et l'auteur assimile à ce cas celui où l'assurance est faite en France pour compte d'un étranger. Puis il ajoute : « Si des étrangers ont contracté entre eux, dans les pays étrangers, des assurances *payables en France*, on se réglera, pour la décision du fond (il entend par là tout ce qui n'a trait ni à la compétence ni à la procédure d'exécution), par les lois du lieu du contrat », et il en cite comme exemple une espèce relative à une question de preuve. Plus loin encore : « Si, en pays étrangers, un Français contracte des assurances avec

(1) Voir les applications de cette idée : RUBEN DE COUDER, *Dictionnaire du Droit commercial*, v° *Assurance maritime*, n° 15; COULON et OUARD, *Code des assurances maritimes*, art. 333, n° 112. *Adde :* Lyon, 17 mars 1884, *Journal du Droit international privé*, 82, p. 412. *Contrà :* Nantes, 9 avril 1859, N., 60, 1, 13 ; 29 mars 1862, *ibid.*, 62, 1, 110.

— 205 —

d'autres Français, sans qu'aucun étranger y soit intéressé, on les jugera en France suivant l'ordonnance de la marine : *car la loi de leur prince les suit partout* ». Et enfin : « Si, en pays étrangers, un Français contracte des assurances avec un étranger, je crois que, dans ce cas, on doit suivre les lois du lieu du contrat, afin que l'étranger, qui ignore nos usages, ne soit pas trompé. Il en serait de même du cas où un Français ferait faire pour son compte des assurances dans l'étranger » (1). Il résulte bien de tout cela qu'Emerigon considère ici le statut comme obligatoire pour les étrangers en France, sans distinguer suivant qu'il y a ou non un Français partie au contrat, et la seule réciprocité qu'il admette à cette première règle, c'est que les étrangers qui auront ainsi traité chez nous dans la forme voulue par nos lois pourront se prévaloir partout de leurs accords. Mais la réciproque est, en réalité, ailleurs, et, pour aller jusqu'au bout, il fallait décider que l'assurance contractée à l'étranger par des Français serait valable en France, constituée dans la forme locale. Bien loin de là, pour Emerigon, la règle *locus regit actum* est obligatoire pour les étrangers en France et n'existe plus, même facultativement, pour les Français à l'étranger, ce qui est absolument contraire au sens dans lequel la règle est le plus habituellement comprise.

La doctrine française, sans exception, soumet la forme de l'assurance maritime à la loi du lieu du contrat, et l'on peut tirer en faveur de cette loi l'application qu'elle en fait

(1) I, p. 124 et 125.

aussi à l'assurance terrestre (1). L'objet du risque étant essentiellement mobile lorsqu'il consiste en un navire ou dans les marchandises qu'il transporte, le contrat sera si souvent passé à l'étranger qu'il y aura, dans ce cas, de bien plus fortes raisons pour laisser aux parties le droit de s'en tenir à la loi locale. Aussi M. Desjardins (2) conclut-il comme nous : « Une assurance passée à l'étranger est régie, quant à sa forme et à son mode de preuve, par la loi du lieu de contrat. Nous admettons toutefois, conformément à la règle générale du droit international privé, que, si deux Français ont suivi, non les formes du statut étranger, mais celles de leur propre statut, l'acte est, quant à la forme, valable en France ». M. de Valroger et M. Lyon-Caen posent aussi le principe (3). M. Alauzet s'exprime ainsi : « La loi française est applicable à tous les contrats passés en France ; mais son empire ne s'étend pas hors de ces limites, et le Français qui a contracté en pays étranger, même avec un Français, et s'est soumis aux lois du pays où l'acte a été passé, n'est pas admis à invoquer les dispositions de la loi française qui y sont contraires pour se soustraire à son obligation. Ainsi, la loi qui régit les assurances en France contient de nombreuses prohibitions auxquelles il n'est pas permis de déroger ; si le contrat a été passé en pays étranger, conformément à la législation qui y est en vigueur, le Français actionné même

(1) VINCENT et PENAUD, *Dictionnaire du Droit international privé*, v° *Assurances*, n°° 15 et 19.

(2) VI, n° 1307.

(3) III, n° 1866 ; II, n° 2101 *bis*.

en France est tenu d'exécuter le contrat, soit comme assureur, soit comme assuré. Cette règle ne soulève aucune difficulté quand il s'agit de la forme de l'acte » (1). Cette juste observation de l'écrivain nous amène à remarquer que, malgré le caractère facultatif de la règle *locus regit actum*, la loi locale sera obligatoire pour toutes les parties une fois le contrat passé, en ce sens qu'il leur serait impossible d'en méconnaître les effets en invoquant la violation de leur loi nationale; car nul ne peut se faire un titre de son propre fait. Bédarride retient la règle comme obligatoire : « L'étranger est tenu de se conformer à la loi française pour toutes les dérogations qu'elle consacre, soit au droit des gens en général, soit spécialement à la législation du pays auquel il appartient. Cette règle, Puffendorf l'enseigne en ces termes : quiconque passe un contrat dans les terres d'un souverain se soumet aux lois du pays et en devient en quelque sorte le sujet passager. Elle a donné naissance au brocard *locus regit actum*. Vainement a-t-on voulu en contester l'application en matière d'assurance ». Et encore : « La circonstance de la soumission conventionnelle aux lois du pays n'est pas essentielle. A défaut de dérogation formelle, cette soumission s'induirait de la règle *locus regit actum* » (2). Ceci confirme bien ce que nous avions établi plus haut, à savoir, qu'en fait de formes, la présomption de soumission peut être légale et forcée. Hochster et Sacré (3), supposant le cas où l'assu-

(1) *Commentaire du Code de commerce*, VI, nº 2042.
(2) XI, p. 210.
(3) II, p. 549.

rance aurait été contractée à l'étranger par les agents d'une compagnie française, pensent que la loi française ne serait applicable que si les parties y avaient expressément consenti. Enfin, M. Laurin, examinant le cas où les contractants veulent procéder en la forme publique, leur permet de le faire par le ministère de l'officier public qui, dans son pays, a qualité pour intervenir (1).

Ainsi, les auteurs ne divergent sur l'application du statut local que par des variantes sur les limites de cette application. Observons toutefois qu'elle doit être conciliée avec la loi des parties lorsque celle-ci redevient leur loi naturelle par l'intervention de leur consul. Mais doit-on y voir aussi une dérogation dans le cas où elles ont emprunté, comme base de leurs accords, une police étrangère par rapport au lieu de l'acte? Il semble que, dans cette hypothèse, leur intention de se référer à une loi de prédilection ne peut laisser aucun doute, et que, si l'on considère la règle *locus regit actum* comme étant la plupart du temps facultative pour elles, on ne peut que respecter une volonté aussi clairement manifestée. Le Congrès d'Anvers l'a résolu ainsi en ce qui concerne les conditions internes du contrat: « Les contestations relatives au contrat d'assurance maritime doivent, pour les cas non prévus par la police, être tranchées d'après la loi, les conditions et les usages du pays auquel les parties ont emprunté cette police » (2).

(1) III, p. 273. Voir aussi : MERLIN, *Répertoire*, v° *Police d'assurance*, p. 573; ALAUZET, *Assurances* I, n° 194 ; LEMONNIER, *Commentaire des polices d'assurance*, II, n° 366 ; COULON et OUARD, *Code des assurances maritimes*, I, p. 24.

(2) Séance du 29 septembre 1885, question 52, p. 129.

Nous estimons qu'il ne faut pas restreindre cette solution dans les limites où semble s'être tenu le congrès, car, si l'on comprend que les parties puissent déroger à la loi locale et se référer à leur loi propre pour la forme à donner à leur convention, il n'est pas plus difficile de concevoir qu'elles puissent, à ce point de vue, se soumettre librement à telle législation qu'il leur plaira d'adopter, bien que cette législation ne les gouverne à aucun titre, ni eu égard au lieu de l'acte, ni eu égard à leur nationalité : la liberté des conventions, qui est absolue dans les bornes assignées par l'ordre public, peut l'être, dans certains cas, aussi bien pour ce qui a trait à la forme que pour ce qui touche au fond des actes.

Nous ne saurions pourtant aller aussi loin que M. E. Picard, qui, examinant, pour tous les contrats en général, le cas où les parties se sont expressément ou tacitement référées pour le fond à une autre loi que celle du lieu, leur refuse, dans cette hypothèse, le droit de donner à l'acte une forme autre que la forme locale ou que celle du lieu d'élection, excluant ainsi la validité de l'acte passé en la forme autorisée par la loi nationale des contractants. L'auteur fait reposer cette solution sur le prétendu principe que le fond et la forme doivent obéir aux mêmes règles, sauf application de la maxime *locus regit actum*. « Le principe général, dit-il, consiste dans cet accord » (1). Mais d'où tire-t-il ce principe ? Quoi de plus naturel que de gouverner la forme, facultativement au moins, par la loi personnelle des parties, alors même qu'elles soumettent leurs stipulations à une législation de leur choix ? Et, pour nous restreindre au contrat d'assurance, à quels principes est-il contraire de permettre à l'assureur et à l'assuré d'adopter, comme base de leurs obligations, une police différente de la police de leur pays et, en même temps, de rédiger leur convention conformément à leur loi propre ?

La plus ancienne décision de la jurisprudence française qui ait fait application de la loi locale aux formes de l'assurance maritime est un arrêt de cassation du 25 mars 1806 (1), rendu sur pourvoi contre un arrêt de la cour de Bordeaux, qui avait jugé que la déclaration de 1779, relative aux assurances, n'était applicable qu'aux bâtiments français, et non à un bâtiment américain armé et assuré en France : « Attendu, répondait la Cour suprême, qu'en « exprimant dans ses motifs que la déclaration du mois « d'août 1779, rendue spécialement pour régler ce qui con- « cerne les assurances, n'était point applicable aux bâti- « ments étrangers, soit parce qu'ils n'y sont pas expressé- « ment compris, soit parce que, dans l'usage, ils n'ont « point été considérés comme devant y être assujettis, la « cour d'appel de Bordeaux a adopté une opinion contraire « au texte et au vœu de la loi ». Et, dans ses conclusions, l'avocat général tirait dans le même sens un autre argument de cette circonstance que les parties s'étaient, en l'espèce, référées à la loi française, et prouvait, en donnant ce dernier motif, que l'application du statut local eût pu être

(1) Voir DALLOZ. J. G., v° Droit maritime, n° 2062, à la note.

écartée si les parties eussent exprimé une volonté contraire, ce qui revient à dire qu'il entendait cette application comme purement facultative.

Il s'agissait, dans l'espèce ci-dessus, non pas, à proprement parler, de la forme même du contrat, mais d'une formalité dont l'accomplissement eût servi à la justification de la cause des avaries à raison desquelles l'assuré prétendait exercer le droit au délaissement, conféré par l'article 369 du Code de commerce. On contestait, en effet, à l'assuré l'exercice de ce droit par ce motif, qu'en violation des articles 1 et 4 de la déclaration de 1779, il ne représentait pas le procès-verbal de visite, qui eût dû être dressé au départ du navire pour établir son bon état de navigabilité. Et, comme le navire s'était échoué près des îles du Cap-Vert et que le capitaine en avait fait la déclaration devant le juge de Buena-Vista, il semble qu'on eût dû faire régir par la loi étrangère une formalité se rattachant bien plutôt à la constatation des avaries qu'au contrat lui-même. Il faut cependant reconnaître dans cette décision une application du statut local ; car, le procès-verbal en question ne pouvant, par la force des choses, être dressé que dans le lieu du départ, on doit, dans un certain sens, le considérer comme une forme du contrat dont il est contemporain. Le lieu de l'acte était donc, dans cette affaire, le port de Bordeaux, où le navire avait été armé et assuré.

En ce qui concerne la validité et la preuve même de la convention, le tribunal du Havre, dans un jugement du 15 mai 1843 (1), a consacré le même système que la Cour

(1) *Gazette des tribunaux* du 7 juin 1843.

de cassation dans une hypothèse où la loi locale se confondait aussi avec celle dont les parties avaient fait choix pour le règlement de leurs obligations. Et, le 7 décembre 1859 (1), la cour de Rennes, sur une assurance conclue entre assureur anglais et assuré français, et pour l'exécution de laquelle l'assureur excipait envers l'assuré de l'absence de mention de la date du départ du navire sur la police, prononçait ainsi : « Attendu qu'en admettant que la règle, qui veut « que le contrat d'assurance soit constaté par écrit, dût « entraîner, en France, cette conséquence extrême que des « réticences irritantes fussent réputées dûment prouvées « par cela seul que la police ne contiendrait pas l'énumé- « ration de tous les faits qui peuvent contribuer à établir « l'opinion du risque, cette règle ne devrait pas être jugée « applicable à une assurance qui a été contractée dans les « formes et suivant les usages suivis dans la pratique « anglaise, *et par application, d'ailleurs, de la maxime* « *qui veut que les formes de l'acte soient déterminées par* « *la loi du lieu où il a été passé* » (2).

Cette application de la loi locale ne nous paraîtrait devoir subir aucune atteinte de la circonstance que les marchandises, dans une assurance sur facultés, auraient été chargées à l'étranger sur un navire à destination de l'étranger ; car, de ce que la police n'a été signée qu'acciden-

(1) SIREY, 61. 2, 107.

(2) Jugé, d'ailleurs, que, même en France et entre Français, le défaut d'indication de la date du départ ne constitue une réticence qu'en cas de fraude prouvée : Rennes, 10 janvier 1817, DALLOZ, J. G., v° *Droit maritime*, n° 1526. Voir encore, sur l'application de la loi locale : Bruxelles, 19 avril 1889, *Journ. du Droit intern. privé*, 89, p. 708.

tellement dans un port où le navire a touché, il ne s'ensuit pas que l'empire de la loi territoriale ne l'ait immédiatement saisie. Le tribunal de commerce du Havre, le 21 janvier 1856 (1), et la cour de Rouen, le 7 juin 1856 (2), l'ont apprécié ainsi pour déterminer la loi applicable à l'exécution de la convention ; or, il y a de plus fortes raisons encore pour ce qui concerne la forme, puisqu'elle est réalisée en même temps et au même lieu que le contrat même.

Il n'y a pas à se préoccuper non plus de la qualité en laquelle l'étranger contracte, pour savoir de quelle législation on doit le rendre justiciable. Le tribunal de commerce de Nantes, dans deux jugements du 9 avril (3) et du 27 août 1859 (4), a jugé que le Français qui s'engage à l'étranger, soit comme assureur, soit comme assuré, se soumet à la loi locale tant pour la forme que pour l'exécution de la police. On ne voit, en effet, aucun motif pour faire une distinction.

On doit en dire autant de ce fait que l'assurance porterait sur des marchandises chargées à bord d'un navire étranger par rapport au lieu de la signature de la police. La loi de ce lieu n'en serait pas moins, dans les limites que nous avons établies, applicable à la forme de cette police. La cour du Banc de la Reine l'a décidé, le 18 mars 1880 (5), pour l'interprétation à donner à une assurance sur facultés.

(1) *H.*, 56. 1, 25.
(2) *Ibid.*, 2, 131.
(3) **VINCENT** et **PEXAUD**, *loco citato*, v° *Assurances*, n° 35.
(4) *N.*, 59, 1, 880.
(5) *Journal du Droit intern. privé*, 80, n° 589.

souscrite en Angleterre relativement à une cargaison transportée par navire français. La cour appliqua la loi anglaise. La même solution eût dû, pour les mêmes raisons, être adoptée sur la forme du contrat.

Le conflit de lois est de nature à se présenter surtout pour la preuve des avaries donnant ouverture au paiement de l'indemnité d'assurance, ainsi que pour la forme du délaissement. Nous distinguerons, à ce double point de vue, entre l'accomplissement même des formalités et le délai dans lequel elles doivent être accomplies. Car on sépare généralement la forme proprement dite des actes et le temps pendant lequel on peut les réaliser, et l'on soustrait ce temps à l'application de la règle *locus regit actum* ; la question de savoir quelle loi le régit ne se rattache donc pas à l'objet de cette étude, et l'on ne pourrait, sans en sortir, joindre son examen à celui des questions traitées jusqu'ici. A supposer même qu'on admette que la loi du lieu de l'action est celle qui régit la prescription de cette action, ce n'est pas au nom de notre règle qu'on pourrait le faire. Si, en effet, on peut, sous un certain aspect, envisager les délais dans lesquels les droits doivent être exercés comme des modes suivant lesquels ils se manifestent, en d'autres termes comme une forme extérieure des actions, on doit reconnaître qu'ils sont, au fond, un mode d'extinction des droits. Nous ne parlerons donc de la prescription de l'action en délaissement, prévue par l'article 373 du Code, que pour mieux mettre ce point en lumière.

Pour ce qui a trait aux conditions externes du délaissement, le conflit n'est guère possible, car cet acte n'est

soumis à aucune forme dans la plupart des législations (1).
En ce qui concerne les actes de procédure dont il s'agit
dans les articles 374, 379 et 383, il suffit d'indiquer qu'ils
sont, en principe, régis obligatoirement par la loi du pays
où les droits de l'assuré sont exercés, car la procédure est
de statut territorial (2).

Quant à la durée de l'action, un arrêt de la cour de Lyon,
du 19 mars 1881, confirmant un jugement du tribunal de
commerce de cette ville, du 23 mars 1880 (3), a décidé
implicitement, dans une espèce où une compagnie française avait contracté une réassurance en s'en référant à
une police souscrite en Espagne, que l'action en délaissement était prescrite suivant la loi du lieu de la souscription. La cour ne se préoccupait nullement du lieu où l'action en validité du délaissement avait été intentée ni de
celui où le délaissement avait été déclaré aux assureurs
avec sommation de payer, parce que le délaissement, contrat bilatéral, tant qu'il n'est pas accepté ou validé, n'est
pas définitif, et qu'en l'espèce, l'assuré n'avait fait qu'une
simple proposition dans une lettre restée sans réponse, ce
qui avait eu pour effet de l'obliger à former une action en
justice dans le délai prescrit par les articles 904 et 908 du
Code de commerce espagnol. C'est de ce délai que la décision ci-dessus lui fit l'application, régissant ainsi la pres-

(1) VALROGER, IV, art. 379, nos 1820 et 1821 ; DESJARDINS, VII, p. 323
et suiv.

(2) Sur l'officier compétent pour la signification du délaissement, voir JACOBS,
Droit maritime belge, II, nº 865.

(3) SIREY, 83, 2, 65.

cription d'une action née du contrat d'assurance par la loi
du lieu de sa formation. Et la Cour de cassation rejeta le
pourvoi formé contre cette décision le 6 juin 1882 (1).

Cette solution nous paraît devoir être approuvée sans
réserves, d'autant plus que les parties avaient fait choix
d'une législation qui devait gouverner leurs accords. Mais,
en dehors même de cette circonstance particulière, on eût
dû décider ainsi de toute façon, la prescription se rattachant étroitement aux conditions tacites du contrat, puisque,
si elle a trait à l'exercice de l'action, elle est surtout un
moyen d'éteindre les droits stipulés dans la convention.
La même solution se fût donc tout aussi bien imposée au
cas où les parties n'eussent fait choix d'aucune législation
spéciale, car on peut dire, qu'en l'absence de convention
contraire, les contractants sont censés avoir adopté la loi
du lieu du contrat. Cela n'est pourtant pas admis par tout
le monde et M. Labbé a très savamment soutenu une opinion différente.

Dans un article publié sous un arrêt de cassation du
13 janvier 1869 (2), l'auteur, après avoir critiqué les divers
systèmes qui se sont fait jour sur cette question, conclut à
l'application de la loi du lieu des poursuites, en réservant
cependant son avis sur l'application de la loi du domicile du
débiteur, préconisée par de Savigny comme ayant l'avantage d'empêcher le créancier de faire varier le temps de la
prescription suivant la juridiction devant laquelle il portera
son action. Nous rejetons la loi du lieu des poursuites comme

(1) *Revue internationale du Droit maritime*, I, p. 12.
(2) SIREY, 69, 1, 49.

la loi du débiteur, en dépit de cette déclaration ingénieuse de M. Labbé : « Dans notre conviction, la vérité est que la loi de la prescription est la loi de l'action. La loi qui octroie la faculté d'agir en justice limite l'exercice de cette faculté. Le créancier qui sollicite d'une autorité une condamnation doit respecter les limites de temps où l'intervention de cette autorité est, de crainte d'erreur, renfermée par la loi de son institution ». Nous n'entrerons pas dans l'exposé des dissertations publiées dans le sens de cette opinion ni de la jurisprudence qui l'a consacrée d'une façon générale pour tous les contrats du droit civil ou commercial (1). Nous nous contenterons de dire que nous ne concevons la possibilité du choix qu'entre l'application de la loi du lieu de l'action et l'application de la *lex loci contractus*. Toute la difficulté est, en effet, de savoir lequel doit l'emporter des deux points de vue sous lesquels on peut envisager la prescription : car, si on la considère comme une forme de l'action, il faut aller jusqu'au bout et prendre parti pour une loi unique. De même que l'application de la loi du domicile du créancier serait de nature à faire varier le délai de la prescription aux dépens du débiteur, celle de la loi du domicile du débiteur aurait le même inconvénient vis-à-vis du créancier. Et, comme celui-ci ne pourra, la plupart du temps tout au moins, intenter ses poursuites que devant le domicile du débiteur, on ne saurait sacrifier à une exception le principe que la procédure est régie par la loi du lieu de la demande, sans compter qu'on peut fort bien voir dans la prescription une

(1) Voir VINCENT et PENAUD, *loco citato*, v° *Prescription*, n°ˢ 17 et suiv.

matière d'ordre public et, par conséquent, de statut territorial. Si donc nous avions une hésitation, ce serait sur le choix à faire entre la loi locale de l'action et la loi locale du contrat. Mais il est impossible de ne pas avouer que, lorsque l'on dit que l'action ne peut plus être intentée parce qu'elle est prescrite, on exprime en réalité cette idée que le droit qui la soutient n'existe plus. La prescription est l'extinction du droit lui-même, et non pas de son exercice, et, si elle anéantit le droit d'agir, c'est précisément parce qu'elle met à néant la créance qui l'engendre. La prétendue survivance d'une obligation naturelle à l'obligation prescrite n'en laisse pas moins le créancier déchu de son droit tel qu'il était, avec tous ses attributs et sa pleine efficacité. Dès lors, le délai de la prescription n'est pas, à vraiment parler, une condition de l'exercice du droit et une forme de l'action. Nous n'avions donc pas à nous en occuper et, si nous l'avons fait, c'est qu'il importait de justifier pour quelles raisons nous croyons devoir l'exclure de cette étude.

En ce qui concerne la justification des avaries vis-à-vis des assureurs, une jurisprudence nombreuse se rallie à la loi du pavillon pour tout ce qui touche aux formalités imposées au capitaine, et facultativement à la loi locale pour ces mêmes formalités, ainsi que pour les expertises et les déclarations d'innavigabilité. Pour les formalités qui se rattachent le plus directement aux obligations du capitaine, il est admis que le fait d'une assurance ne peut porter atteinte à la règle qui veut que les devoirs du capitaine relativement à la conduite du navire soient régis par la loi nationale du bâti-

ment (1). Nous n'avons pas à revenir sur ce que nous avons
dit du rapport de mer. C'est cependant le lieu de rappeler
un arrêt de la cour de Rouen, du 7 juin 1856 (2), par lequel
furent déclarées dûment constatées, au nom de la règle
locus regit actum, les avaries relatées dans un rapport de
mer fait par le capitaine à l'arrivée au port de destination
suivant les formes usitées dans ce port.

Le 11 février 1862, la Cour de cassation, rejetant le
pourvoi formé contre un jugement du tribunal de commerce
de Bordeaux (3), décida que le capitaine espagnol d'un
navire espagnol avait suffisamment constaté les avaries
subies par ce navire dans une traversée de Sidney à Hong-
Kong en les faisant visiter par l'expert du Lloyd, et cela
bien que la police eût été souscrite en France entre regnicoles. Le conflit n'était considéré, par le jugement et par
l'arrêt, que comme existant entre la loi du lieu du contrat,
c'est-à-dire la loi française, et la loi du pavillon, c'est-à-dire
la loi espagnole, et les deux juridictions déclaraient l'expertise valable par cette raison que l'ordonnance de Bilbao,
qui était seule en question (et non l'article 414 de notre
Code de commerce), avait été observée. De la loi locale, il
n'en était nullement parlé, et cependant on eût pu concevoir
que le capitaine s'y fût tenu et que l'accomplissement de
l'usage des lieux ait pu être considéré comme suffisant pour

(1) Voir : CAUMONT, *Dictionnaire,* v° *Assurances maritimes,* n° 19; DROZ,
Assurances maritimes, I, p. 7.

(2) M., 56, 2, 148. La cour de Bruxelles a jugé qu'un rapport de mer non
vérifié par le consul, conformément à la loi belge, n'a aucune valeur ni
influence (18 février 1886, *Revue intern. du Droit maritime,* II, p 65).

(3) *D. P.,* 62. 1. 247.

établir la cause des dommages. Ce qui, dans tous les cas,
ne pouvait faire aucun doute, c'était l'exclusion de la loi
du lieu du contrat, car le capitaine n'était même pas obligé
de la connaître. Dans toutes les hypothèses où la loi du
pavillon prescrit l'intervention du consul, le capitaine doit
évidemment observer les prescriptions de cette loi devant
ce magistrat, s'il s'en trouve un au lieu du sinistre ; mais,
à son défaut, il ne peut avoir le choix qu'entre la loi locale et
la loi du pavillon, la loi du lieu du contrat lui étant étrangère quand elle ne se confond pas avec cette dernière.

Le tribunal de commerce de Marseille, le 29 mai 1832 [1],
avait déjà jugé que l'expertise est gouvernée par la législation du navire. Des experts nommés par le consul de
France à Tunis avaient procédé sans prêter préalablement
serment, contrairement à la disposition de l'article 19 de
l'édit de 1778 : le rapport dressé fut déclaré nul vis-à-vis
des assureurs de la marchandise. Et il prononçait de même,
le 22 juillet 1887 [2], sur une expertise ordonnée par notre
consul au Pirée et effectuée non contradictoirement. Ces
décisions nous paraissent justes et conformes aux principes du droit international, car, dans les cas sur lesquels
elles statuent, la procédure avait été engagée devant le
représentant de la loi nationale : c'était donc celle-ci qui
devait être suivie.

Le 14 novembre 1838 [3], la cour de Bordeaux, dans un
arrêt déjà cité, validait un procès-verbal d'expertise dressé

[1] *M.*, 32, 1. 226.
[2] *Revue intern. du Droit maritime*, III. p. 203, et la note.
[3] DALLOZ, *J. G.*, v° *Droit maritime*, n° 2088.

à Calcutta pour constater les réparations faites à un navire à la suite d'avaries, bien qu'il n'eût été affirmé au greffe du tribunal du lieu que par un des experts, l'autre l'ayant fait simplement par lettre missive. Elle décidait ainsi, dans un arrêt du 7 mai 1839 [1], sur une hypothèse analogue où un rapport d'experts, non affirmé sous serment, était cependant confirmé par le livre de bord et par d'autres rapports réguliers. Le 8 juillet 1840 [2], elle jugeait qu'un capitaine français, obligé de relâcher dans un port de la Virginie, avait pu, en l'absence du consul, faire constater des avaries par des experts nommé par lui-même, suivant les formes usitées dans ce port, et que l'expertise ainsi faite était opposable à l'assureur. Enfin, le 22 février 1844 [3], elle admettait que les avaries éprouvées dans un port où il n'existait pas de consul avaient pu être valablement constatées par un simple certificat délivré, conformément à la pratique locale, par des commerçants et agents commerciaux du pays, dont l'autorité du lieu avait légalisé les signatures [4].

Sur la question de compétence relativement à la nomination des experts, l'article 414, qui autorise l'intervention du magistrat du lieu, a été interprété par la Cour de cassation dans le sens le plus large et le plus favorable à la compétence de ce magistrat. Le 26 juillet 1881 [5], elle a

<hr>

(1) *M.*, 40, 2, 2.
(2) DALLOZ, *J. G.*, *loco citato*, n° 2000.
(3) *D. P.*, 45, 2, 8), et la note.
(4) Voir sur ces points : PARDESSUS, *Droit commercial*, n° 842 ; ALAUZET, *Traité général des assurances*, n° 350.
(5) *D. P.*, 82, 1, 366.

reconnu comme régulière la désignation d'experts faite par
le juge de commerce du port où l'on se trouvait, alors que
ce port ressortissait à une circonscription pourvue d'un
consulat ayant son siège dans une ville éloignée.

Quant aux déclarations d'innavigabilité rendues par les
consuls français, c'est par application de la loi du pavillon
qu'elles peuvent être invoquées devant nos tribunaux ;
mais, bien qu'elles ne lient pas nos juges, la cour de Rouen,
par arrêt du 19 janvier 1876 (1), a décidé qu'elles consti-
tuaient des éléments de preuve suffisants en l'absence de
tous autres documents, ce qui doit être, sans contredit,
étendu aux déclarations rendues par l'autorité locale et
ce qui démontre encore que tout, en cette matière, est
question de fait et que l'application de la législation du
lieu doit aussi, sauf la présence d'un consul, être admise
comme remplissant le vœu des législateurs, mais qu'elle
ne doit jamais l'être qu'à titre facultatif. Il n'est qu'un cas
où l'acte sera nul : c'est celui où, les formes locales, s'il en
existe, ayant pu être observées, l'intéressé n'administre la
preuve de ses droits par aucun mode. C'est ce qui résulte
d'un arrêt de Bordeaux du 29 janvier 1834 (2), d'après lequel
si, dans l'hypothèse de l'assurance d'un navire étranger
dans un port étranger, l'assuré n'est pas tenu, pour obtenir le paiement des avaries, de rapporter un certificat de
visite tel que l'exige notre Code, il doit au moins établir,
dans la forme prescrite par la loi du pavillon (qui, en l'espèce, se confondait avec la loi locale), que ce navire était en

(1) SIREY, 76, 2, 288.
(2) *Ibid.*, 35, 2, 15.

bon état de navigabilité lors du départ. Mais, dans le cas où la loi locale a été observée, la validité de l'acte est entière. Un arrêt de rejet de la Cour de cassation, du 31 juillet 1839 (1), rendu sur pourvoi contre un arrêt de Paris du 28 mai 1838 (2), a jugé que l'innavigabilité du navire était suffisamment constatée, en dehors des formes indiquées par la loi française, si le capitaine s'était conformé à toutes les mesures prescrites par la législation du lieu du sinistre : « Considérant, disait-elle, que les « formes tracées par le Code de commerce pour constater « l'innavigabilité d'un navire ne sont point prescrites à « peine de nullité ; qu'en jurisprudence maritime, la dis- « tance des lieux, la nature des événements, l'impossibi- « lité de remplir les formes légales doivent être prises en « considération. » En dehors de ces cas, il a été décidé que, là où il n'a été possible d'accomplir aucune espèce de formalités légales, il peut être fait état de tous les modes de justification (3). En résumé donc, d'après les décisions ci-dessus, l'observation de la loi locale suffit en l'absence du consul ; et, en cas d'impossibilité de remplir quelque formalité que ce soit, tous les moyens probatoires sont admissibles. La règle *locus regit actum* ne consacre ici que la liberté indéfinie de la preuve et n'est tenue en échec que par les dispositions des divers codes touchant l'intervention consulaire.

Cette dernière restriction est, du moins, consacrée par

(1) *M.*, 39, 2, 164.
(2) *Ibid.*, 2, 29.
(3) VINCENT et PENAUD, *loco citato*, v. *Transports maritimes*, n° 65.

un arrêt de Bordeaux du 5 avril 1832 [1]. qui a statué
comme suit : « Attendu que, le.... ayant été conduit à Phi-
« ladelphie, il était facile au capitaine de se pourvoir devant
« le consul de France et de remplir les formalités exigées
« par les lois françaises, de faire constater l'état du navire
« et d'en faire prononcer l'innavigabilité, s'il y avait lieu ;
« que l'assuré objecte vainement que, l'innavigabilité exis-
« tant à Philadelphie, où le navire avait été abordé, il a dû se
« conformer aux usages et aux lois de Pensylvanie ; que
« l'assurance avait été faite en France ; qu'elle était régie
« par les lois françaises, et que, dès qu'il existait un consul
« français à Philadelphie, c'était devant lui que l'innavi-
« gabilité devait être constatée et que c'était lui qui devait
« la déclarer ». Nous citons ces considérants parce qu'ils
mettent nettement en présence la loi du pavillon et la loi
locale, celle-ci ne pouvant, d'après l'arrêt, être appliquée
qu'en l'absence du consul, par interprétation de l'article 4
de l'ordonnance du 7 août 1779, rapproché de l'article 390
du Code de commerce [2]. Mais les ferons-nous nôtres ? Le
tribunal de commerce de Marseille, par jugement du 9 juin
1884 [2], a apprécié qu'une expertise faite en Angleterre et
la vente dans ce pays des marchandises expertisées étaient
valables en France entre assuré et assureur français, bien

(1) DALLOZ, J.G., v° *Droit maritime*, n° 2076.

(2) La cour de Gênes a admis la même solution au point de vue du rapport de mer et a décidé qu'il ne pouvait servir de support à l'action en
délaissement du moment qu'il avait été fait devant l'autorité du lieu de destination, malgré la présence du consul italien (du 29 mai 1893, *Revue interu.
du Droit maritime*, IX, p. 209).

(3) M., 84, 1, 214.

que les experts eussent été désignés par le capitaine lui-
même et sans formalités de justice et qu'ils eussent fait
procéder à la vente sans intervention de magistrat. Le tribunal justifiait ainsi sa décision : « Attendu que les exper-
« tises faites à.... à la requête d'un capitaine anglais et
« dans une colonie anglaise, ont eu lieu suivant le mode
« usité en pays anglais, où il n'y a pas de magistrat ins-
« titué pour les ordonner et les homologuer ; que, d'après
« ces errements, les ventes ont lieu sur l'appréciation des
« experts, sans intervention de magistrat ; qu'il a donc
« été procédé régulièrement aux expertises et aux ventes ».
Les juges n'examinaient pas, dans leur décision, si le capitaine n'aurait pas pu s'adresser à l'agent consulaire d'a
lieu, et, de ce seul fait que l'autorité compétente d'après la
loi locale avait fait défaut, ils concluaient à la validité de
l'acte (1). La règle *locus regit actum* commandait-elle
cette solution ? Nous le pensons, et il nous semble que
l'arrêt de la cour de Bordeaux s'est montré trop rigoureux.
Car, d'une part, pour la constatation d'innavigabilité,
l'ordonnance n'en prescrit pas plus le mode que ne le fait
l'article 390 du Code, et, pour l'expertise, le seul texte
qu'on puisse invoquer est l'article 414, qui, placé dans le
titre *du jet et de la contribution*, ne vise expressément que
la justification des pertes au point de vue d'un règlement

(1) Voir aussi un arrêt d'Aix du 11 mars 1840 (*J.*, 40, 1, 102), confirmant
un jugement de Marseille du 27 décembre 1839, et d'après lequel, en cas de
relâche forcée dans un port anglais où le navire a été reconnu innavigable,
les actes relatifs à la condamnation et à la vente du bâtiment sont réguliers
quoique rédigés suivant les formes usitées en Angleterre et non en chancellerie française, malgré la présence d'un agent consulaire de France.

d'avaries communes (1). Dans ces conditions, rien ne fait obstacle à l'application de notre règle, si ce n'est l'induction tout à fait indirecte qu'on pourrait tirer des articles 234 et 245 et de cette idée que les consuls sont, en principe, naturellement désignés pour donner l'authenticité aux actes intervenus entre nationaux à l'étranger. Mais, tant que leur compétence n'est pas spécialement imposée, on peut la considérer comme absolument facultative. D'ailleurs, il a été jugé par la cour de Rouen (2) que le mode de constatation des avaries devait être laissé à l'appréciation souveraine des tribunaux (3).

Nous ne pouvons faire autrement que d'annexer à l'étude du conflit relatif à la forme de l'assurance et des actes qui en sont la suite celle du conflit que peut soulever l'application des formalités fiscales imposées à ce contrat par la loi du 23 août 1871. Ces formalités sont bien, à proprement parler, des formes de la convention elle-même, car, si elles ne consistent pas dans l'enregistrement des polices, lequel, aux termes de l'article 6, est purement facultatif, et, si elles ne sont pas contemporaines de leur souscription, elles n'en doivent pas moins être accomplies par des mentions sur les pièces destinées à prouver le contrat, livres ou registres

(1) Voir, à ce propos, une circulaire du ministre de la marine, du 23 juin 1865, rapportée dans DESJARDINS, IV, p. 140, à la note.

(2) SIREY, 76, 2, 238. Voir l'application de cette idée aux expertises non-contradictoires : *Revue internationale du Droit maritime*, III, note p. 205, et la jurisprudence y rapportée.

(3) Voir les solutions de la jurisprudence belge sur ces questions : Anvers, jugement arbitral, 9 mai 1863, *A.*, 63, 1, 163 ; Anvers, 20 juillet 1872, *ibid.*, 72, 1, 160 ; Bruxelles, 8 mars 1875, *ibid.*, 75, 1, 295 ; Anvers, jugement arbitral, 26 janvier 1869, *ibid.*, 69, 1, 19 ; 20 juin 1875, *ibid.*, 75, 1, 226.

des courtiers ou notaires, répertoires et livres des compagnies d'assurance, dont la tenue est exigée par la loi du 5 juin 1850 (art. 7 de la loi).

L'hypothèse où les parties sont étrangères et où les contrats sont passés en France, est régie par l'alinéa final de l'article précité et par l'article 10 du décret du 25 novembre 1871. Les assureurs étrangers sont soumis en France à tenir des répertoires qu'ils doivent communiquer à l'administration de l'Enregistrement et sur lesquels ils doivent faire figurer les primes exigibles et les taxes dont le montant a été par eux touché. M. Desjardins n'entrevoit d'exception à cette règle que dans le cas où un traité y dérogerait expressément (1). La loi ne fait ici qu'une application de la règle *locus regit actum*, application obligatoire et absolue, car l'impôt est éminemment territorial et d'ordre public, et, comme le dit fort bien M. Desjardins, ce qui est frappé par le fisc, c'est le contrat et non les parties; leur nationalité est donc indifférente et la législation applicable ne peut être autre que celle du lieu de l'acte.

Pour les assurances contractées à l'étranger, la solution est plus délicate. La difficulté porte sur le sens à donner à l'article 8 de la loi de 1871, qui assujettit à l'enregistrement, avant toute publicité ou usage en France, les contrats d'assurance passés à l'étranger pour des objets ou valeurs appartenant à des Français, ce qui a pour conséquence une application partielle de la règle *locus regit actum* aux assurances passées à l'étranger entre assureurs étrangers

(1) VIII, n° 1675, et la note.

et assurés français, ainsi qu'à celles passées à l'étranger entre assureurs et assurés français (1). Mais que décider pour les contrats intervenus à l'étranger *entre assureurs français et assurés français ou étrangers?* Faut-il leur appliquer partiellement ou sans restriction la loi du lieu de leur réalisation? En d'autres termes, les formalités voulues par nos lois leur sont-elles imposées dans tous les cas ou seulement dans celui où il en est fait usage en France? Le doute naît de ce que l'article ci-dessus laisse cette double éventualité en dehors de ses prévisions. Aussi la Cour de cassation, dans un premier arrêt du 5 février 1884, confirmant un jugement du tribunal de la Seine du 4 juin 1880 (2), et dans un second du 23 mars 1892, cassant un jugement du même tribunal (3), avait-elle décidé que les assureurs français étaient astreints à soumettre aux préposés de l'Enregistrement les répertoires contenant les indications prescrites par la loi et était-elle allée jusqu'à étendre cette obligation aux contrats passés par des assureurs étrangers ayant une succursale en France. Sans reprendre les arguments nombreux et décisifs fournis par M. Desjardins à l'encontre de cette interprétation (4), nous pouvons invoquer contre elle le principe de la souveraineté purement territoriale des lois relatif à la forme des actes,

(1) L'article 23 de la loi de frimaire an VII défend, en effet, l'usage en France des actes dressés hors de France tant qu'ils n'ont pas été préalablement enregistrés.

(2) *D. P.*, 84, 1, 348.

(3) *Revue intern. du Droit maritime*, VII. p. 513, et la note.

(4) VIII, p. 119 et suiv. Lire le rapport de M. Boistile devant le tribunal de la Seine, rapporté par l'auteur.

principe auquel un texte positif et explicite peut seul déroger. Nous ne sommes nullement touché par cet argument du jugement de la Seine de 1880, que nous trouvons très bien analysé dans une note insérée par Dalloz sous ce jugement : « Il importe peu, a dit l'Administration, que la police d'assurance soit souscrite en France ou à l'étranger. C'est l'assureur qui est directement atteint à raison des opérations qu'il accomplit et des primes qu'il encaisse... Si un mode de perception spécial a été établi pour les assurances étrangères, ce n'est pas parce qu'elles sont contractées à l'étranger, car, lors même que le contrat serait daté d'une localité française, il n'en resterait pas moins soumis aux dispositions de l'article 8 de la loi, si la société étrangère n'avait pas de succursale en France ». Nous pensons que l'intention attribuée ainsi par l'Administration au législateur est fort hypothétique, et nous ne supposons pas qu'on puisse lui en prêter une bien déterminée, en dehors de celle d'atteindre le plus de matière imposable possible. Il a, pour y parvenir, soumis au contrôle de l'Enregistrement, non la police, mais les registres des compagnies ; il s'ensuit simplement que, là où il n'y a point de registres en France, il manque la base de la perception. Mais on ne saurait en conclure que ce qui est visé, ce n'est pas l'acte, mais le redevable. L'application de la loi locale ne rencontre donc dans cette objection qu'un obstacle tout à fait gratuit.

D'ailleurs, la Cour suprême a fait elle-même justice de sa propre jurisprudence dans un arrêt du 28 mars 1895 (1),

(1) Voir *Gazette du Palais* des 29 et 30 mars, 2 avril 1895.

par lequel elle affranchit les compagnies françaises d'assurance maritime de l'obligation de porter sur les répertoires de leur siège social en France les contrats passés à l'étranger par leurs agences ou succursales. Nous relevons, dans l'observation d'un commentateur de cette décision, ce motif de plus en faveur de la territorialité de la loi fiscale : « Les agents des compagnies françaises à l'étranger, astreints déjà au paiement des droits existants dans les pays où ils exercent leur industrie, se trouveraient dans un état d'infériorité manifeste pour lutter contre les compagnies indigènes ». Et, comme l'on voit sans peine que la formalité n'a d'autre raison d'être que la perception de la taxe, là où celle-ci paraît devoir être écartée, la formalité ne peut pas davantage être maintenue.

Nous ne pourrions que reproduire pour la formalité du timbre ce que nous venons d'admettre pour celle de l'enregistrement. Pour l'une comme pour l'autre, le statut applicable est le statut local, sous la seule réserve des exigences de chaque législation particulière relativement aux contrats, même passés en pays étranger, dont il est fait usage sur le territoire national (1).

(1) Voir DESJARDINS, VIII, nos 1682 et 1687.

XI et XII

Si la constatation des avaries survenues au navire ou à
la cargaison intéresse l'assureur, elle intéresse aussi l'affréteur et le capitaine, car, suivant ses résultats, c'est l'une
ou l'autre de ces trois parties (1) qui reste définitivement
responsable de ces avaries, selon leur nature ou les circonstances qui les ont produites. On conçoit même des cas où
elle n'a lieu que dans les rapports du chargeur et du trans-
porteur, lorsque le bâtiment ou la marchandise n'a fait
l'objet d'aucune assurance. A ce point de vue, nous n'aurons
qu'à renvoyer aux explications fournies dans le même ordre
d'idées pour l'assurance. La question est, en effet, la même,
et, si nous l'avons scindée, ce n'est que dans l'intérêt de
notre méthode. Nous nous bornerons donc à mentionner
deux décisions, l'une de la Cour suprême de Suède, du
10 avril 1877 (2), l'autre de la Cour de Bruxelles, du
18 février 1886 (3), rendues sur des contestations élevées en
dehors de toute assurance. La première admit la demande en
dommages-intérêts formée par le chargeur d'une marchandise contre le capitaine pour des avaries constatées sur cette
marchandise sans expertise et, par conséquent, en violation

(1) Ceci n'a trait encore qu'aux avaries particulières.
(2) *Journal du Droit intern. privé*, 79, p. 399.
(3) *Revue intern. du Droit maritime*, II, p. 65.

des articles 106, 107 et 321 du code maritime suédois, par cette seule raison que le port de déchargement était Londres, où aucune formalité n'est exigée pour conserver les droits du réceptionnaire. La seconde rendit un arrêt en sens tout à fait contraire et décida que l'expertise relative à l'exécution d'un contrat d'affrètement était nulle si elle n'avait pas été faite conformément aux dispositions en vigueur dans le lieu de la convention, par application de cette idée que les suites du contrat, comme le contrat lui-même, sont régies par la loi qui a présidé à sa formation. Ce système, fort soutenable et fort soutenu, nous paraît contraire au sens véritable de la règle *locus regit actum*, et nous ne voyons pas entre l'expertise relative à un affrètement et cet affrètement même un lien assez étroit pour les soumettre de toute nécessité à la même législation : il y a deux actes distincts, il peut donc y avoir deux manières de procéder. La constatation des avaries se rattache à l'exécution des obligations des parties et non à leur naissance ; or, on admet généralement que c'est la *lex loci executionis* qui régit la délivrance et la réception des choses dues (1).

Le conflit des lois relatif à la forme des actes qui sont la suite ordinaire de l'abordage des navires sera examiné sous les articles 435 et 436. Sous l'article 407, en effet, on ne pourrait guère s'occuper que de questions de compétence qui sont étrangères à l'objet véritable de cette étude, et de la question de nomination des experts, dont la solution peut tenir dans cette double idée que leur désignation

(1) Voir VINCENT et PENAUD, *loco citato*, v° *Obligations*, n° 56.

appartient au juge du tribunal saisi de l'action ou, dans le cas où les parties veulent procéder à une constatation immédiate des causes de la collision, facultativement à leur consul ou à l'autorité compétente d'après la loi locale [1].

A côté des avaries ordinaires se placent les avaries communes, qui donnent lieu souvent aux règlements les plus compliqués. Il faut voir dans quelles formes on doit procéder à ces règlements quand ils se font, comme c'est presque toujours le cas, entre parties étrangères soit entre elles, soit par rapport au pays où il est procédé à la répartition. Ce pays étant la plupart du temps le port de destination (art. 414, n° 1) [2], on conçoit que les chargeurs, le capitaine ou les assureurs y seront fréquemment étrangers, et qu'ils le seront quelquefois même les uns et les autres.

Quel que soit le lieu du règlement, c'est la loi de ce lieu qui en déterminera la forme. Et la forme, c'est ici, avant tout, l'autorité devant laquelle il est dressé, celle qui lui donne la force exécutoire et l'authenticité devant le rendre opposable à tous les intéressés, celle, en termes plus précis, qui nomme les experts chargés d'établir l'état des pertes et qui homologue leur rapport ; c'est aussi l'ensemble des conditions externes du classement et de l'expertise [3]. Ces

(1) Voir sur le principe de la compétence des tribunaux français pour les mesures urgentes entre étrangers : VINCENT et PÉNAUD, *loco citato*, v° *Abordage maritime*, n° 122.

(2) VALIN, II, p. 162 ; VINCENT et PÉNAUD, *loco citato*, v° *Transports maritimes*, n° 57.

(3) Il n'y a pas à parler de la délibération de l'équipage prescrite par l'article 400 du Code de commerce, qui n'est requise que comme un simple élément de preuve et non à peine de nullité (Bordeaux, 27 mai 1885, *Revue intern. du Droit maritime*, I, p. 594).

divers ordres d'idées ne sont régis, en France, que par
deux textes : les articles 414 et 416 du Code de commerce (1).
Remarquons qu'ils ne s'appliquent, comme, du reste, les
dispositions correspondantes des codes étrangers, qu'aux
règlements judiciaires : lorsque les parties procèdent amiablement, elles nomment elles-mêmes des dispacheurs ou
des arbitres et ne sont, dès lors, justiciables que de leurs
conventions réciproques.

En ce qui concerne la nomination des experts, deman-
dons-nous d'abord si les deuxième et troisième alinéas de
l'article 414, qui prévoient le cas du déchargement en
France, sont applicables indépendamment de la nationalité
des parties. M. Desjardins pose, au seuil de cette question,
le principe de la *réalité* de l'action en nomination d'experts,
qu'il tire, par voie de conséquence, de la *réalité* de l'action
en contribution, consacrée par la Cour de cassation le
10 février 1841 (2). Quelque parti que l'on prenne sur
le caractère de l'action en nomination d'experts, il faut
décider que le soin de cette opération revient, d'une
façon générale, au juge du lieu, concurremment avec le
consul, dont l'esprit de la loi n'exige l'intervention que
dans le cas où toutes les parties sont étrangères et de
même nationalité. Lors, au contraire, qu'elles sont de
nationalités différentes et que leurs lois nationales attri-
buent compétence à leurs consuls respectifs, il n'y a pas
de raison pour préférer le consul de l'une à celui d'une

(1) Pour les pays étrangers, voir DESJARDINS, IV, n° 970.
(2) DALLOZ, *J.G.*, v° *Droit maritime*, n° 2221. Voir aussi : *Revue intern.
du Droit maritime*, II, p. 16.

autre, et il convient de saisir le magistrat français, à moins
que les intéressés n'acceptent de se soumettre à la juridiction du consul de l'un d'entre eux. Cette solution devrait
être surtout admise s'il se trouvait parmi eux un Français
qui ne consentît pas à faire cette soumission, car on ne
pourrait contraindre un national à plaider dans son pays
devant le représentant d'une puissance étrangère, et, l'acte
étant indivisible, la qualité de Français chez une seule des
parties rendrait obligatoire pour toutes les autres la compétence de la justice locale. Un jugement du tribunal de
commerce de Marseille, du 19 juin 1878 [1], a fait une
application de cette idée, en décidant que, malgré l'article
23 de la convention consulaire franco-hellénique du 2 mars
1878, qui permet aux consuls des deux nations de nommer
les experts dans les règlements intéressant leurs nationaux et les habitants du pays où ils résident, un consignataire français avait, en France, le droit de saisir le tribunal
du lieu et de lui demander la désignation des experts,
malgré l'opposition du capitaine de nationalité grecque. Le
jugement se fondait, il est vrai, sur le paragraphe final de
l'article 23 de la convention, qui porte, qu'à défaut du consentement des intéressés, le règlement doit être fait par
l'autorité locale compétente. Si pourtant le Français acceptait la compétence du consul, nous ne verrions aucune
bonne raison pour la repousser. A défaut de la règle *locus
regit actum*, ces interprétations de la loi peuvent être
appuyées sur les articles 59 du Code de procédure civile,

(1) *M.*, 78, 1, 197.

dans le cas où le Français est demandeur, et 14 du Code civil dans celui où il est défendeur. Et l'on peut les étendre à l'hypothèse même où toutes les parties seraient étrangères, soit seulement à la France, soit aussi entre elles, s'il y en avait une ayant en France une résidence autorisée, selon l'article 17 du Code civil, ou simplement un établissement commercial. C'est ce qu'ont jugé la cour d'Aix le 17 mai 1731 et la Cour de cassation le 26 avril 1832 (1), dans une espèce où les consignataires du chargement, Américains ainsi que le capitaine, les chargeurs et le navire, avaient une maison de commerce en France depuis vingt ans. Il va sans dire que la compétence du juge français devrait être également admise, et obligatoirement, lorsque, les intéressés, étant étrangers, de mêmes nationalités ou de nationalités différentes, n'auraient point de consul sur la place, ou si leur consul était dans l'impossibilité de procéder, ou encore si leurs lois personnelles n'investissaient le consul d'aucun pouvoir relativement à l'expertise.

En résumé, la justice française est compétente obligatoirement ou facultativement suivant les cas, si ce n'est dans celui où les parties sont toutes étrangères, du même pays, et sujettes d'une législation qui donne juridiction au consul (2). Et encore peut-on mettre en doute cette restriction, qui ne repose que sur l'argument de réciprocité, lequel ne recommande, somme toute, que l'acceptation à

---

(1) DALLOZ, J. G., v° *Droit civil*, n° 345.

(2) Rapprocher : Caen, 4 mars 1863, *Journal de Rouen et Caen*, 63, 2, 106. Voir aussi : VALROGER, V, n° 2157 ; FRIGNET, *Des avaries*, II, n° 577 ; WEIL, *Des assurances maritimes*, n° 829.

titre facultatif de la compétence consulaire, ainsi que nous l'allons voir.

Dans le cas de déchargement à l'étranger, en effet, M. Desjardins [1] estime, et nous estimons avec lui, que l'alinéa 3 de l'article 414 n'est pas obligatoire pour nos nationaux et que, là où les intéressés pourraient amiablement désigner eux-mêmes les experts, ils ont le droit, à la condition d'être unanimement d'accord sur ce point, de porter leur différend devant l'autorité compétente d'après les lois locales, même en la présence du consul. Le précepte du législateur ne serait donc pour eux une obligation que si l'un d'entre eux se refusait à saisir la justice du pays. C'est ce que n'a pourtant pas admis la cour d'Aix, qui, dans un arrêt du 2 mai 1828 [2], a déclaré qu'on ne devait recourir au juge du lieu qu'à défaut du consul de la nation : « Attendu, disait-elle, que, s'il en était autre-« ment et lorsque des marchandises embarquées dans le « même navire sont adressées à divers consignataires de « nations différentes, il y aurait des formalités d'une exé-« cution impraticable, puisque chaque consignataire pour-« rait invoquer la compétence du consul de sa nation ». La cour avait raison, selon nous, de préférer la loi du pavillon à celle des parties ; mais elle eût dû reconnaître au capitaine le droit de lui préférer la loi locale.

Lorsque les parties sont, les unes françaises, les autres étrangères, la compétence du juge local ne fait aucun doute, sauf le droit de s'adresser au consul de l'une d'entre elles,

(1) IV, p. 140.
(2) M., 28, 1, 251.

à moins qu'un étranger, national du lieu de l'acte, ne s'y oppose et ne rende alors obligatoire l'intervention judiciaire locale.

Toutes ces hypothèses seraient, bien entendu, régies d'après d'autres principes du moment où des conventions internationales les auraient différemment réglées. On peut voir, à cet égard, l'article 23 de la convention consulaire de San-Salvador, en vertu duquel, lors même que les intéressés n'appartiennent pas à la nation du consul, ce dernier a seul qualité pour la nomination des experts (1).

Voilà pour la désignation. En ce qui concerne l'homologation du rapport, prévue par les alinéas 2 et 3 de l'article 416, on peut également supposer d'abord le cas où c'est dans un port de France qu'a lieu le déchargement. Dans cette hypothèse, si les parties sont les unes des étrangers et les autres des Français, la compétence du juge français est obligatoire pour les étrangers. De même si toutes étaient étrangères, mais de nationalités distinctes, à moins qu'elles ne s'entendissent pour s'adresser au consul représentant la nation de l'une d'entre elles. Si enfin, dans cette dernière éventualité, la loi des parties attribuait une compétence exclusive au consul, l'homologation pourrait encore être demandée à la justice française ; mais, en ce cas et en l'absence de traité réglant ce point, la justice étrangère serait autorisée à refuser d'en reconnaître la validité. C'est donc seulement dans cet état de choses que le juge

(1) Voir encore sur les attributions des consuls de France pour la nomination des experts : ordonnance du 29 octobre 1833 ; DE CLERCQ et DE VALLAT, *Guide des Consulats*, II, p. 184 et suiv.

français n'aura plus aucune compétence, même facultative, au point de vue de la loi étrangère. Ce sont là, d'ailleurs, les solutions que consacrent la plupart des traités signés entre la France et les autres peuples, et c'est aussi ce que l'on trouve dans un projet de code international publié en 1881 par un jurisconsulte et législateur des États-Unis, David-Dudley-Field, qui proposait que la répartition des avaries, établie par un consul, ne dût lier les personnes domiciliées dans le pays et les sujets d'un tiers État que si les unes et les autres avaient préalablement consenti à s'en référer à la juridiction de ce magistrat (1). Ce qui prouve bien, qu'en principe et dans la plupart des cas, la compétence de la justice locale est la compétence du droit commun.

Si c'est dans un port étranger que le navire a été déchargé et si toutes les parties sont françaises, le juge local ne pourra être saisi que sur l'accord unanime des intéressés. Car le Code dit : « A défaut du consul », contrairement à l'expression de l'article 419 du projet de revision d'août 1867, qui portait : « A l'étranger, par le consul ou le magistrat du lieu ». A défaut donc de cet accord, la juridiction du consul est obligatoire. S'il se trouve, parmi les intéressés, un ou plusieurs étrangers, nationaux du lieu ou d'une nation tierce, l'autorité locale statuera valablement et sera même obligatoire si l'une seule des parties le sollicite. Notre consul n'aura plus, en ce cas, qu'une compétence exclusivement facultative. La cour d'Aix, dans un arrêt du 22 décembre 1858 (2), a cependant jugé que, lorsque tout

(1) DESJARDINS, IV, p. 143.
(2) *N.*, 59, 1, 16.

dans l'expédition était français, le navire, le capitaine,
l'armateur, les chargeurs, le lieu de chargement, sauf les
consignataires et le port de reste, la compétence du consul
français était la seule admissible : « Attendu, argumentait-
« elle, que si, lorsque les marchandises, chargées sur le
« même navire, sont adressées à divers consignataires de
« nations différentes, chacun d'eux pouvait invoquer la
« compétence du consul et la législation de son pays,
« le réglement d'avaries deviendrait impossible ». Cette
décision, qui rappelle celle du même siége que nous venons
de citer plus haut, mérite la même observation que celle-ci.
Du moment que les consignataires sont, eux aussi, intéressés au réglement, il est beaucoup plus naturel de donner
juridiction au juge local qu'au consul d'une des parties,
française ou autre. L'application de la loi du pavillon nous
paraîtrait ici un abus de l'idée que les obligations du capitaine sont régies par cette loi. On conçoit qu'on l'admette,
par exemple, pour la vérification de l'avarie et pour la vente
d'une marchandise avariée pour le compte de l'affréteur,
comme l'ont fait le tribunal de commerce de Marseille le
27 décembre 1875, et la cour d'Aix le 8 mai 1876 (1), bien
que cette solution soit encore des plus contestables (2).
Mais l'homologation d'un rapport d'experts est une mesure
commune à tous les intéressés dans l'avarie grosse, et il
s'agit ici bien plus des droits de tous les contribuants que
des devoirs personnels du capitaine (3).

(1) *M.*, 78, 1, 17.
(2) Voir DESJARDINS, III, n° 781.
(3) Voir encore sur ces questions : MAINSARD, *Des avaries communes,*
n°ˢ 431 et 432.

Quant à déterminer la loi applicable, au point de vue de la forme, devant le consul ou l'autorité du lieu, nous ne pouvons le faire autrement que par l'adoption de la règle *locus regit actum* devant l'autorité du lieu, sans distinguer si les parties sont ou non de nationalités différentes, et ce obligatoirement pour le juge local et facultativement pour le juge du pays des intéressés. C'est ainsi que la prestation de serment des experts devrait être considérée comme obligatoire en France devant nos tribunaux ; mais les parties étrangères pourraient invoquer dans leur pays une expertise où cette prestation n'aurait pas été accomplie, si la loi de leur pays ne l'exigeait pas. Au contraire, devant le consul, c'est de la loi qu'il représente qu'on devra suivre les formalités, mais sous les mêmes réserves pour les parties d'une nationalité autre que celle du consul et qui invoqueraient leurs droits devant leur justice nationale. MM. Lyon-Caen et Desjardins se rangent, en principe, à cette manière de voir (1).

Pour le fond, la jurisprudence consacre à peu près unanimement l'application de la loi du port de reste, c'est-à-dire de la loi du lieu de l'acte (2). On peut tirer de cette application un argument d'*a fortiori* pour la question de forme, car, en cette matière, le fond et la forme sont si intimement unis qu'il est quelquefois malaisé de les séparer nettement. Le fond, d'ailleurs, doit ici entraîner la forme,

(1) *Journal du Droit intern. privé*, 82, p. 598 ; IV, p. 149. Voir aussi VIN-CENT et PENAUD, *loco citato*, v° *Transports maritimes*, n° 69.

(2) VINCENT et PENAUD, *loco citato, eod. verbo*, n° 71. Voir aussi la règle XIX d'York et d'Anvers, modifiée par le congrès de Gênes : *Revue intern. du Droit marit.*, VIII, p. 177.

car les pouvoirs institués pour la détermination des droits et des charges ne peuvent bien évidemment procéder, pour cette détermination, que d'après la loi qu'ils connaissent et qui est, sauf pour les consuls, celle du lieu même où ils instrumentent.

M. Lyon-Caen soulevait, au Congrès d'Anvers, une objection contre la loi du port de reste en ce qui concerne le fond, pour le cas où le port de destination n'est pas connu à l'avance et où, par suite, les parties pourraient être trompées par l'application d'une loi impossible à prévoir lors du contrat [1]. Aussi proposait-il que, dans cette hypothèse, la loi du pavillon fût seule adoptée. On voit que cette objection, très judicieuse pour le fond du règlement, serait sans portée à l'égard de la forme, car les parties n'ont aucun intérêt à ce que leurs droits et obligations soient réglés d'après un mode ou d'après un autre, du moment que les conséquences de la répartition seront celles sur lesquelles elles avaient dès l'abord compté.

On peut prévoir l'hypothèse où les parties auraient convenu de la loi à appliquer, pour le fond, au règlement des avaries. Cette clause aurait, à notre sens, autant d'effet quant à la forme que quant au fond. Elle servirait à déterminer l'autorité compétente pour nommer les experts et homologuer le rapport et rendrait obligatoire pour tous les intéressés le règlement accompli suivant le mode institué par la législation ainsi choisie.

Ajoutons, en dernier lieu, que tout ce que nous venons

(1) Séance du 20 septembre 1885, p. 126.

de dire doit être entendu aussi bien dans les rapports des divers contribuants avec leurs assureurs que dans les rapports de ces contribuants entre eux [1].

Il n'y a rien à dire d'intéressant en ce qui concerne spécialement le jet à la mer, qui n'est qu'un cas particulier de l'avarie commune et en prévision duquel l'article 414 a été expressément rédigé. Les protestations que les consignataires devront faire pour conserver leur action seront, par analogie, régies par les mêmes principes que celles de l'article 435. Quant à la délibération prescrite par l'article 410, elle ne peut être gouvernée que par la loi du pavillon, comme étant une obligation personnelle du capitaine. Enfin, les dispositions des articles 412 et 413 doivent être interprétées de la même manière que celles relatives au rapport de mer [2].

(1) Voir VINCENT et PENAUD, *cod. verbo*, n° 76.
(2) Voir DALLOZ. *Code de commerce annoté*, art. 413, n° 1.

XIII et XIV

Nous avons admis, en nous occupant du délaissement,
que les conflits relatifs à la prescription des actes ne pouvaient rentrer dans l'étude des conflits relatifs à leurs
formes, par cette raison que l'extinction de l'action avait
pour cause l'extinction du droit lui-même. Nous n'avons
donc pas à parler des articles 432 et 433, qui traitent de la
prescription des droits du prêteur à la grosse, de l'affréteur, des gens de mer, des fournisseurs et ouvriers, ni à
passer en revue la nombreuse jurisprudence qui consacre
l'idée indiscutable que la prescription des actions qui dérivent directement des contrats a trait exclusivement au fond
des actes. Si nous avons rapporté une espèce relative à la
prescription de l'action en délaissement, nous ne l'avons
fait que pour mieux montrer l'impossibilité de ramener
cette question à une question de forme à laquelle la règle
locus regit actum serait applicable.

Mais il en est autrement des délais dans lesquels doivent
être accomplies certaines formalités prescrites par la loi
pour la conservation de droits qui ne prennent naissance
que par la survenance d'événements qu'on n'a pas eus
directement en vue lors du contrat, les avaries par exemple,
qui ne donnent lieu à l'action que dans le cas spécial où
elles sont la conséquence d'une faute médiate ou immédiate
du fréteur. Ces délais sont celui de vingt-quatre heures,
exigé par l'article 431 pour l'exercice de l'action d'avaries,
et celui d'un an, exigé par l'article 436 pour l'exercice de

l'action d'abordage. On voit aisément quelle différence
sépare ces délais des prescriptions proprement dites, par
exemple de la prescription de l'action en délaissement. Lors
de la signature de la police d'assurance, on peut dire que le
droit à délaisser existait déjà virtuellement, car c'était précisément ce droit qui constituait un des objets de la convention du côté de l'assuré. Et l'on voit, par suite, qu'il n'y
aura, à faire aux délais dont s'agit l'application de la loi
locale, aucun des inconvénients qui rendent cette application inadmissible pour les prescriptions proprement dites.
Lorsqu'au moment du contrat, le stipulant a prévu un délai
passé lequel il ne pourra plus faire valoir ses droits et le
promettant un délai passé lequel on ne pourra plus lui opposer ses engagements, il serait inique de faire régir la durée
de ce délai par la législation du lieu où l'action pourra être
un jour intentée, car les prévisions des parties seraient
déjouées par ce système, celles de l'une à son détriment,
celles de l'autre à son bénéfice. Ce résultat ne se produira
pas pour les fins de non-recevoir. Cela est surtout sensible
en ce qui concerne celle relative à l'action d'abordage, qui
naît en dehors de toute espèce de contrat, puisque c'est un
quasi-délit qui l'engendre. Ajoutons, pour l'avarie, que le
réceptionnaire, auquel incombe le plus souvent le soin de
réclamer, à l'arrivée du navire, contre les manquements au
contrat, est resté généralement étranger à l'affrétement et
qu'il ne peut être question, pour lui, de délais prévus en
contractant (1).

(1) Voir dans DESJARDINS la différence entre la prescription et la fin de

Mais, en même temps que des délais, il faut s'occuper des protestations auxquelles ces délais s'appliquent.

L'article 435, modifié par la loi du 24 mars 1891, déclare non-recevables toutes actions contre le capitaine, les assureurs et les affréteurs pour avaries [1], s'il y a eu réception ou livraison de la marchandise et acceptation du fret sans protestation, et nulle cette protestation si elle n'est faite et signifiée dans les vingt-quatre heures et suivie dans le mois d'une demande en justice. Nous réunirons ces deux ordres d'idées, auxquels doivent s'appliquer, en principe, des solutions pareilles.

Il faut tout d'abord observer que la question de savoir si la nécessité de la protestation est régie par une loi ou par une autre présente fort peu d'intérêt pratique, la plupart des législations en exigeant une ou un acte équivalent [2]. Mais, théoriquement, on peut dire que la loi du lieu où le protêt serait nécessaire est la seule applicable, du moins aux yeux du juge local [3].

Quant à la détermination du statut qui doit régir la forme

non-recevoir : VIII, nᵒ 1688. Voir aussi : LAURENT, *Principes de Droit civil*, XXXII, nᵒ 10.

(1) L'action du capitaine contre l'affréteur est l'action en règlement ou l'action en paiement de sommes dues en vertu d'une contribution déjà réglée (DALLOZ, *Code de commerce annoté*, art. 436, nᵒ 54).

(2) Voir DESJARDINS, VIII, p. 271 et suiv. — Voir aussi : *H.*, 78, 2, 50 ; Marseille, 30 septembre 1862, *M.*, 62, 1, 270 ; Bordeaux, 18 mars 1889, *Revue intern. du Droit maritime*, V, p. 192, et la note. — *Contrà* : Havre, 21 janvier 1856, *H.*, 56, 1, 25 ; Constantinople, 28 mai 1883, *Revue intern. du Droit maritime*, VII, p. 464. — D'autres décisions ont appliqué la loi du lieu du contrat : Marseille, 21 avril 1821, *M.*, 21, 2, 129 ; Bordeaux, 10 août 1859, *ibid.*, 59, 2, 138.

(3) Voir Aix, 12 mai 1857, *H.*, 57, 2, 165.

— 247 —

de la protestation et de sa signification, c'est, à n'en pas douter, le statut du pays où ces actes sont accomplis, quelle que soit la nationalité des parties [1]. La règle *locus regit actum* sera ici souveraine [2]. Cependant, si des Français avaient protesté à l'étranger suivant la forme voulue par nos lois, leur protestation serait valable devant nos tribunaux, de même qu'à l'inverse la validité d'une protestation faite en France par un étranger, en la forme prescrite par sa loi, serait admise par la justice de son pays. Notre règle ne serait donc facultative qu'à l'égard du juge national du protestataire.

À l'égard du statut qu'il convient d'appliquer pour décider si la signification est indispensable, nous admettrons que c'est encore le statut local. M. Laurent [3] soutient que les formalités de publicité des actes sont régies par le statut territorial, indépendamment du lieu de ces actes. Quelque exacte que puisse être cette distinction, elle n'est d'aucun intérêt pour ce qui regarde une protestation, car, pour cet acte, la publicité et l'acte lui-même ne peuvent être séparés. La signification, d'ailleurs, qu'elle ait un but de publicité ou tout autre, n'en est pas moins une forme proprement dite du protêt : elle doit donc suivre le statut qu'on applique à celui-ci. Lors donc qu'une législation n'exige qu'un acte non signifié ou rendu public autrement que par une signification, par exemple devant un consul ou un

(1) Voir Bordeaux, 6 avril 1881, *Journal du Droit intern. privé*, 83, p. 150; Cass., 4 août 1875, *D. P.*, 75, 1. 172.

(2) Voir Cass., 9 mars 1853, *S.*, 33, 1, 274.

(3) *Droit civil international*, II, n° 262.

notaire, cet acte devra être validé par les tribunaux de tous les pays.

En ce qui concerne l'agent chargé de la signification, on ne conçoit même pas qu'il soit investi par une autre loi que celle du lieu où la protestation est accomplie [1].

Quant au délai dans lequel la protestation doit être faite, malgré les graves divergences de la doctrine et le parti pris systématique de la jurisprudence française [2], nous adopterons encore le statut du lieu du protêt. M. de Valroger [3], confondant les prescriptions et les fins de non-recevoir, prétend appliquer aux unes et aux autres la loi du lieu du contrat [4]. Nous croyons avoir suffisamment réfuté cette prétention. MM. Lyon-Caen et Renault [5] ne veulent, eux, entendre parler que de la loi du pavillon. Il est pourtant facile de leur répondre qu'il serait peu admissible, au moins en ce qui concerne les actions contre le capitaine, de soumettre le délai d'un acte protestatif, qui est fait le plus souvent par le réceptionnaire à la loi nationale de son adversaire, et de préférer cette loi à la fois à celle du demandeur et à celle du lieu de l'acte. Enfin, M. Labbé est d'avis de suppléer par la raison au silence des textes et de laisser au juge l'appréciation de la validité des actes suivant que les circonstances en ont ou non permis l'accomplissement dans les délais impartis par les

(1) Cass., 1875, précité.
(2) Voir Rouen, 7 juin 1856 M., 56, 2, 148.
(3) V. n° 2364.
(4) V. Rouen, 2 juin 1886, *Rev. inter. du Droit maritime*, II, p. 276, et la note.
(5) N° 2027.

lois (1). Mais cette solution ne résout rien, à moins qu'elle ne sacrifie totalement les dispositions expresses des différents codes.

Les cours et tribunaux français appliquent d'une façon constante la loi du juge saisi, sur le fondement de cette idée que la protestation est un acte de procédure et le prélude de l'instance et que tout ce qui a trait aux formes de la procédure est régi par la *lex fori*. Ce système, qui peut au premier abord séduire, est de nature à engendrer les plus déplorables conséquences. Le destinataire qui proteste contre une avarie ou le capitaine qui proteste contre le chargeur à raison d'une avarie commune ne peut prévoir devant quelle juridiction il devra porter un jour sa demande, et il serait peu équitable de le déclarer déchu de ses droits devant le juge appelé plus tard à statuer sur cette demande, si ce juge relevait d'une loi édictant un moins long délai que la loi à laquelle le protestataire s'est conformé.

La loi du pays de l'acte est donc, en définitive, la plus recommandable et la seule pratique. On peut dire qu'elle est aussi la plus juridique, car la protestation se rattache à l'exécution du contrat, et l'on sait que c'est la loi du lieu d'exécution qui régit tout ce qui concerne le mode d'accomplissement des obligations (2).

La protestation une fois faite, les parties doivent agir en justice dans un certain temps. Quelle loi réglera la forme et le délai de cette action? La citation doit naturellement

(1) *Gazette du Palais*, 1875, p. 242.

(2) AUBRY et RAU, I, p. 107. Voit aussi *Journal du Droit intern. privé*, 82, p. 270. Sur le point de savoir à qui peut être faite la signification : Poitiers. 26 juillet 1886, *Revue intern. du Droit maritime*, II. p. 200. et la note.

être soumise aux règles locales, par conséquent rédigée selon la forme du lieu de la rédaction et signifiée d'après le mode du lieu de la signification. La Haute Cour d'Angleterre fit, le 14 mai 1888, une application rigoureuse de ces deux idées [1]. Le délai sera aussi régi par la loi du pays de l'acte, c'est-à-dire de la demande, qui se confond aussi avec la *lex fori*. Si la signification n'a pas eu lieu, la protestation ayant été faite dans un pays où elle n'a pas besoin d'être signifiée, le juge comptera le délai du jour où aura été accompli tout acte équivalent à la signification [2].

L'article 436, modifié par la loi de 1891, rend non-recevables les actions en indemnité d'abordage intentées plus d'un an après le sinistre. Le conflit qui, avant 1891, pouvait s'élever relativement aux protestations, n'est plus possible aujourd'hui, en ce qui concerne la France, ces protestations ayant été depuis supprimées. Mais, certaines législations, telles que celles d'Italie et du Portugal, les exigeant encore, au point de vue international général, le conflit n'est que restreint [3].

On peut donc distinguer deux principaux ordres d'idées : l'opportunité, la forme et le délai de la protestation; la forme et le délai de la demande en justice.

Pour la nécessité de la protestation, nous n'aurions qu'à reproduire ce que nous avons dit de la protestation en matière d'avaries : la loi locale nous paraîtrait donc la législation du droit commun, et, dans le cas d'abordage en pleine

1) *Journal du Droit intern. privé*, 89, p. 314.
(2) Voir DESJARDINS, VIII, p. 287.
(3) Voir E. PIERRE, *Du conflit des Lois en matière d'abordages maritimes* Paris, Giard et Brière, 1892, p. 98.

mer, nous entendrions par loi locale celle du port le plus proche du sinistre, et la règle *locus regit actum* ne serait, à ce point de vue, facultative que pour le juge national des parties.

Quant à la forme et au délai de la protestation, nous pensons qu'il doivent être réglés par le statut en vigueur au lieu où cette protestation est faite, car, comme le dit Demolombe [1], « au point de vue juridique, la fixation d'un délai pour l'accomplissement d'un acte se lie intimement au caractère des formalités exigées pour la validité de cet acte, et, par suite, la loi qui régit les formalités doit régir les délais ».

L'opinion la plus répandue consacre pourtant l'application de la *lex fori* [2]. Une autre, qui l'adopte aussi, la restreint au délai du protêt et de sa signification. Une troisième, soutenue par M. Lyon-Caen, propose la loi de l'abordé [3]. La jurisprudence belge choisit la loi du pavillon, mais elle ne l'impose qu'à ses nationaux à l'étranger et non aux étrangers dans les eaux belges [4]. Enfin, le Congrès

(1) *Journal du Droit intern. privé*, 82, p. 602, à la note.

(2) SIBILLE, *Jurisprudence et doctrine en matière d'abordage*, p. 87 ; ASSER p. 123 et 124 ; DELOYNES, *Questions pratiques d'arbitrage maritime* ; cass., 4 mars 1861, *D. P.*, 61, 1, p. 113 ; Montpellier, 31 mars 1873, *S.*, 73, 2, 765 ; Douai, 16 juin 1876, *Journ. du Droit intern. privé*, 76, p. 356 ; Aix, 12 mai 1877, *S.*, 77, 2, 721 ; Paris, 16 février 1882, *La loi du 9 mars 1882* ; Marseille, 17 avril 1887, *Journ. du Droit intern. privé*, 87, p. 711, et *Revue intern. du Droit maritime*, III, p. 60, et la note ; Aix, 9 février 1888, *ibid.*, VIII, p. 688, et la note ; Paris, 1er août 1888, *ibid.*, IV, p. 388, et la note ; Nantes, 16 février 1889, *ibid.*, V, p. 611, et la note ; cass., 6 mai 1891, *Le Droit du 5 juin 1891*. *Adde :* Tunis, 25 octobre 1890, *Revue précitée*, VI, p. 207.

(3) Voir aussi en ce sens : BENFANTE, *L'Urto di Navi*, ch. III, sect. I, n° 262 ; GRASSO, *L'Urto di navi del diritto italiano ed internazionale*, *Archivio juridico*, XXXIX, p. 218.

(4) Bruxelles, 5 août 1884, *Jurisprudence belge*, 84, 2, 394 ; Anvers, 25 février 1888, *Revue intern. du Droit marit.*, IV, p. 79, et la note ; 26 juin 1890, *ibid.*,

d'Anvers a décidé que, quand l'abordage a eu lieu dans les eaux territoriales d'un État, c'est la loi de cet État qui régit les fins de non-recevoir, et que, lorsqu'il s'est produit en pleine mer, le capitaine conserve ses droits en réclamant dans les formes et délais prescrits par la loi de son pavillon, par celle du navire abordeur ou par celle du premier port de relâche [1].

Nous repousserons successivement ces divers systèmes : celui de la *lex fori*, parce qu'on ignore le plus souvent, lors du sinistre, quel tribunal devra être un jour saisi de l'action; celui qui limite le système précédent au délai de l'acte, parce qu'il méconnaît que ce délai est une formalité intégrante de cette acte [2] : celui de la loi du sinistré, parce que la protestation, instituée comme une garantie pour le défendeur, ne peut être régie exclusivement par la loi du demandeur; la loi du navire, parce qu'elle se confond la plupart du temps avec celle de l'abordé. Quant au dernier, nous ne l'acceptons qu'avec une modification. Nous admettons, en effet, que la liberté a plus grande doit être accordée au capitaine pour l'accomplissement d'un acte aussi important que l'est la protestation et qui est de nature à se produire dans des lieux si différents dont il ignore généralement la législation [3]. Il faut donc aller jusqu'au bout dans

VII, p. 582, et la note; 6 novembre 1890, *Journ. du Droit intern. privé*, 91, p. 169. *Contra :* Gand, 2 juillet 1859, *A.*, 59, 2, 74. *Adde :* Anvers, 28 novembre 1890, *Revue intern. du Droit marit.*, VI, p. 482; *Pandectes belges*, v° *Abordage*, n° 355.

(1) Séance du 30 septembre 1885, p. 145.

(2) Voir *contrà* : Cass., 4 août 1875 : *D. P.*, 75, 1, 471 ; Lyon-Caen et Renault, n° 2027. Voir aussi : *Jour. de Droit intern. privé*, 84, p. 282.

(3) Lire un article publié dans la *Revue intern. du Droit maritime*, V, p. 449.

la voie de la tolérance et reconnaître que, si la loi locale est
la loi du *plerumque fit* en cette matière, c'est à un titre
éminemment facultatif, et que, dans les cas d'abordage dans
les eaux territoriales aussi bien que dans ceux de rencontre
en haute mer, le choix entre les trois législations ci-dessus
appartient au capitaine.

La règle *locus regit actum* devra, sans contredit, régir
la rédaction de l'acte protestatif et la compétence de l'agent
chargé de le signifier [1]. Mais la plus grande latitude
devra être laissée aussi à cet égard aux parties, ainsi qu'au
point de vue de l'autorité compétente pour recevoir l'acte [2].

Quant à la demande en justice, elle ne comporte pas
d'autres explications que celles fournies sur la question des
avaries. La procédure est de statut local, et ce statut ne
peut être qu'obligatoirement appliqué aux formes des actes
que comprend l'instance, comme au délai dans laquelle
l'action elle-même doit être introduite [3].

Ici s'arrête, avec le livre II du Code de commerce, la
série des conflits internationaux que la forme des actes
peut soulever en droit maritime. Nous ne nous dissimulons

(1) Voir : Cass., 4 août 1875, précité. *Revue critique*, t. 14, p. 271 ; Rouen,
2 juin 1886. *Gaz. Pal.*, 29 juillet 1886.

(2) Voir VINCENT et PENAUD, *loco citato*, v° *Abordage maritime*, n°⁸ 69
et suiv. ; AUTRAN, *Code international de l'abordage*, p. 62 ; Madrid,
13 octobre 1890, *Revue intern. du Droit maritime*, VII, p. 602, et la note.

(3) Voir encore pour la jurisprudence sur ces questions : VINCENT et
PENAUD, *loco citato*, v° *Abordage maritime*, n°⁸ 49-90 ; AUTRAN, *Code de
l'abordage*, p. 57 et suiv. Consulter aussi : GEORGES REGNAUD, *Des abordages maritimes*, Paris, Giard et Brière, 1892, p. 161 et 226. Sur l'application de la loi locale à la forme de la preuve des avaries résultant de
l'abordage, voir : Hambourg, 26 octobre 1875, *Journ. du Droit intern. privé*,
78, p. 629, et la note.

pas qu'il serait malaisé de réunir en un corps de doctrine les idées dominantes qui ont inspiré nos solutions. Comme l'a fort bien avoué le Congrès d'Anvers au début de sa séance d'ouverture, « en cas de confli. des lois maritimes, il ne faut pas appliquer une règle générale, mais distinguer suivant les cas » [1]. C'est ce que nous avons fait et c'est pourquoi nous avons préféré la méthode analytique, qui passe en revue les principales hypothèses et oblige à remonter du fait au principe, à la méthode synthétique qui va du général au particulier. Si nous voulions essayer de rassembler sous une notion directrice les notions forcément un peu éparses qui nous ont servi de guides, nous dirions que la législation locale nous a paru comme étant, suivant un mot déjà employé, *la loi du droit commun* en matière de formes, que les autres statuts, auxquels il est souvent impossible de soustraire cette matière, ne doivent lui être appliqués qu'à titre d'exception, et que, toutes les fois que les raisons particulières qui les imposent cessent d'exister, il faut revenir à la souveraineté de la loi du lieu. Le système de la loi du pavillon, si habilement recommandé par M. Lyon-Caen, peut séduire par la souplesse avec laquelle il s'adapte aux déplacements du navire et par l'unité législative internationale auquel il aboutirait. Mais, outre qu'il serait souvent excessif de soumettre exclusivement à la loi du navire les droits ou obligations de parties qui lui sont étrangères, on conçoit qu'on puisse tendre à l'unification au moins partielle des législations par d'autres chemins. Ainsi, la règle *locus regit actum*, que nous

(1) Séance du 29 septembre 1885, p. 105.

avons, dans mainte occasion, considérée comme facultative ou obligatoire suivant que c'était le juge du lieu ou le juge des personnes qui statuait, pourrait avoir la même force devant les tribunaux de tous les pays le jour où les États se seraient octroyé la réciprocité absolue touchant la valeur des actes, et le résultat souhaité pourrait peut-être s'obtenir dans un grand nombre de cas tout au moins, par cette extension du sens jusqu'ici donné à notre maxime [1]. Mais, sans prétendre marquer une voie à suivre pour atteindre ce grand but d'unité tant poursuivi, nous nous contentons de joindre, aux vœux émis par tous les publicistes du droit maritime international, celui de voir ce but se réaliser, d'une manière ou d'une autre, aussi bien pour les questions relatives à la forme que pour celles qui ont trait au fond des actes. « Tous ces vœux, a dit M. Desjardins [2], ne sont pas d'une application immédiate et pratique, mais il est utile que ces débats se produisent, que ces projets soient mis au grand jour et tantôt approuvés, tantôt contredits : c'est par là que des illusions se dissipent et que des vérités se dégagent. »

[1] MM. Asser et Rivier ont émis le vœu que la règle devînt obligatoire (v. VINCENT et PENAUD, *loco citato*, v° *Forme des Actes*, n° 11).

[2] Voir *Revue intern. du Droit maritime*, VIII, p. 447.

TABLE ANALYTIQUE

BIBLIOTHEQUE

NATIONALE

CHATEAU
de
SABLE

1994